SOCIÉTÉ
DES
INDUSTRIELS ET DES COMMERÇANTS DE FRANCE

60, Faubourg-Poissonnière, Paris

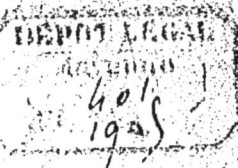

LES

RETRAITES OUVRIÈRES

Et la Mutualité

Communications et discours de MM. SIEGFRIED, Henry KLOTZ, NEYMARCK, CHEYSSON, RODRIGUES, MABILLEAU, Gaston SCIAMA et WATEL

(Extrait de la Revue Internationale du Commerce, de l'Industrie et de la Banque)

PARIS
LIBRAIRIE GUILLAUMIN ET Cⁱᵉ
14, RUE RICHELIEU, 14

1905

Mayenne, Imp. Ch. Colin.

SOCIÉTÉ
DES
des Industriels et des Commerçants
DE FRANCE
FONDÉE EN MARS 1895

COMITÉ D'HONNEUR ET DE PATRONAGE

MM. Godin, Sénateur, Ancien Ministre.
Lourties, Sénateur, Ancien Ministre du Commerce.
Millaud, Sénateur, Ancien Ministre des Travaux Publics.
Poirrier, Sénateur, Ancien Président de la Chambre de Commerce de Paris.
Barthou, Député, Ancien Ministre de l'Intérieur.
Delombre (Paul), Député, Ancien Ministre du Commerce.
Siegfried (Jules), Député, Ancien Ministre du Commerce.
Chaumet, Député de la Gironde.
Mill (Louis), Député du Pas-de-Calais.
Noel, Député de l'Oise.
Bouquet, Directeur de l'Enseignement technique au Ministère du Commerce, des Postes et des Télégraphes.
Charles Roux, Ancien Député, Vice-Président de la Cie du Canal de Suez.
Levasseur, Membre de l'Institut, Administrateur du Collège de France.
Molinari (de), Correspondant de l'Institut.
Raffalovich (Arthur), Correspondant de l'Institut.
Roy (Gustave), Ancien Président de la Chambre de Commerce de Paris.

BUREAU DU COMITÉ GÉNÉRAL

Président . . . . M. Gaston Ménier, Député.
Vice-présidents . . . . . M. Yves Guyot, Ancien Ministre
                                    M. Pinard (A.), Président de l'Alliance syndicale du Commerce et de l'Industrie.
Secrétaire général . . . M. Julien Hayem, Manufacturier.
Secrétaire général adjoint . M. Klotz (Henry), Manufacturier.
Trésorier . . . . M. Choquet, Ancien juge au Tribunal de Commerce.

LES

RETRAITES OUVRIÈRES

et la Mutualité

SOCIÉTÉ

DES

INDUSTRIELS ET DES COMMERÇANTS DE FRANCE

60, Faubourg-Poissonnière, Paris

LES

RETRAITES OUVRIÈRES

Et la Mutualité

Communications et discours de MM. SIEGFRIED, Henry KLOTZ, NEYMARCK, CHEYSSON, RODRIGUES, MABILLEAU, Gaston SCIAMA et WATEL

(Extrait de la Revue Internationale du Commerce, de l'Industrie et de la Banque)

PARIS
LIBRAIRIE GUILLAUMIN ET Cie
14, RUE RICHELIEU, 14

1905

Extrait

du Procès-Verbal de la Séance du 19 Octobre 1905

tenue à Paris, au Siège de la Société

SOUS LA PRÉSIDENCE DE M. YVES GUYOT, VICE-PRÉSIDENT

Il est décidé de mettre à l'ordre du jour pour la session 1905-1906 les questions proposées par la Commission d'organisation du Congrès de Milan en 1906....

Le prochain dîner de la Société est fixé au mercredi 8 novembre à 7 h. 1/2 du soir; M. *Dubief*, Ministre du Commerce, sera invité officiellement à y assister. Le sujet traité sera : « L'Exposition et le Congrès de Milan (1). »

Est approuvée la publication en une brochure des discussions sur « les Retraites Ouvrières et la Mutualité » dont le compte rendu a paru dans la *Revue Internationale du Commerce, de l'Industrie et de la Banque*, n° du 30 septembre 1905.

---

(1) M. Dubief a accepté l'invitation de la Société.

LES RETRAITES OUVRIÈRES

ET

LA MUTUALITÉ [1]

Séance du 12 avril 1905

M. Gaston Ménier donne la parole à M. J. Hayem, Secrétaire général, qui s'exprime en ces termes :

Messieurs et chers Collègues,

J'aurais voulu qu'une bouche plus éloquente et plus autorisée que la mienne fût appelée à souhaiter la bienvenue à notre Président, M. Gaston Ménier. Toutefois, en ma qualité de Secrétaire Général, il me sera permis de dire, tant au nom des membres du Comité général qu'en mon nom particulier, que nous sommes tous heureux de collaborer avec notre nouveau Président et que nous l'assurons de notre concours le plus complet et le plus durable.

Nous savons tous combien ses occupations sont multiples, ses devoirs importants et variés, combien sa situation

---

[1] Compte rendu des séances des 12 avril, 10 mai et 14 juin 1905 de la *Société des Industriels et des Commerçants de France*. Au moment où le Gouvernement a mis à l'ordre du jour, dès la rentrée, les retraites ouvrières, et à notre époque où la mutualité joue un rôle si important dans toutes les branches sociales ; nous avons pensé que le compte rendu *in extenso* des discussions de la Société serait d'un vif intérêt pour nos lecteurs.

d'homme politique et d'industriel lui impose d'obligations de tous genres et nous sommes disposés à ménager son temps et sa peine.

En ce qui me concerne, je lui renouvelle l'assurance de mon dévouement absolu et de mon activité incessante.

Il n'est pas un de ceux qui s'intéressent à l'avenir de notre Société, pas un des membres de notre Comité d'honneur et de patronage qui, à la nouvelle de la nomination de notre Président, n'ait témoigné la plus vive et la plus sincère satisfaction et n'ait appliqué à ce choix cette expression anglaise si concise et si juste : « The right man in the right place. »

Nous avons bien raison, Messieurs et chers Collègues, d'entrevoir pour notre Société les plus brillantes et les plus heureuses destinées ; grâce à notre nouveau Président, les plus beaux et les plus ambitieux espoirs nous sont permis et rien ne fera plus dévier notre Société de la marche ascensionnelle et du développement progressif et continu que nous saurons lui imprimer.

Laissez-moi, mes chers Collègues, comme je le fais à chacune de nos séances, je devrais dire à chacun de nos dîners, saluer en votre nom nos hôtes éminents de ce soir :

D'abord notre conférencier que nous avons, il y a un mois, revu et retrouvé avec tant de plaisir et que nous avons félicité de son retour parmi nous et du grand honneur qu'il faisait à notre Société.

La présence de M. Siegfried au milieu de nous, nous est doublement précieuse ; et, quand nous l'aurons entendu, nous reconnaîtrons qu'à l'honneur vient s'ajouter le profit intellectuel et moral.

M. Siegfried est un de ces hommes de bien, trop rares et par cela même dignes de notre particulière gratitude, qui sèment autour d'eux les idées fécondes et le bon grain. Ce soir, encore, il nous en donnera la preuve la plus éclatante.

En second lieu, M. Cheysson, que vous connaissez tous de vieille date et dont le nom est synonyme de générosité, d'érudition et de philanthropie. Où pourrait-on rencontrer un esprit plus élevé, plus français et plus humain? « *Homo sum et nihil humani a me alienum puto* » voilà bien sa devise. M. Cheysson est un homme, on pourrait dire est l'homme, l'homme sans épithète et tout ce qui peut faire battre le cœur, tout ce qui peut provoquer un progrès ou une réforme, tout ce qui peut élever nos semblables ou les rendre meilleurs, trouve un écho dans sa haute intelligence et fait vibrer son âme sensible et émue.

Il ne m'appartient pas d'anticiper sur la discussion qui suivra la conférence, ou comme tenait à l'appeler lui-même M. Siegfried, la causerie sur le sujet intitulé: « *La mutualité et les retraites ouvrières.* »

Mais je crois qu'il est de notre devoir de faire remarquer que cette question qui, jusqu'à présent, semblait réservée aux discussions politiques et aux œuvres de l'ordre philosophique, moral et économique, doit être envisagée et débattue par des hommes d'affaires. Elle ne manquera pas d'exercer sur nos destinées commerciales et industrielles une influence si considérable, une répercussion si étendue qu'une Société comme la nôtre est tenue, au plus grand profit de tous, d'en entreprendre l'examen minutieux et d'en fouiller toutes les profondeurs.

La question des retraites ouvrières met en jeu tant et de si puissants intérêts, donne carrière à de si nombreuses aspirations et tient en éveil des sentiments si vifs de solidarité et des désirs si légitimes de bien-être qu'elle ne saurait trop être l'objet de toute notre attention et de toutes nos réflexions.

Avec des guides tels que MM. Siegfried et Cheysson, la Société a les plus grandes chances de s'arrêter au parti le plus sage et le plus capable de rendre service aux employés, aux ouvriers et aux patrons dont les intérêts sont les mêmes et qui, tous, doivent, dans un ensemble et un accord harmonieux, travailler au profit d'une France et plus grande et meilleure. (*Vifs applaudissements.*)

M. Gaston Ménier. — Messieurs, je suis véritablement confus des éloges que notre secrétaire général, M. Hayem a bien voulu me décerner et je crois qu'en renversant les rôles, c'est à moi de remercier le Comité de m'avoir choisi pour votre Président. J'en suis très touché pour ma part, et j'ajouterai que j'avais fait la réserve de mes très nombreuses occupations.

M. Hayem, ainsi que M. Yves Guyot sont d'anciens amis; tous les deux ont insisté et je n'ai pas eu beaucoup de mal à me laisser convaincre. Je savais quelle bonne besogne vous accomplissiez, je connaissais vos travaux de chaque jour et, ce qui est intéressant, c'est de voir quel parti on peut tirer d'une réunion comme la nôtre, c'est-à-dire comment il est possible d'examiner et d'étudier les questions passionnantes, notamment ces questions sociales qui sont à l'ordre du jour dans tous les milieux ; de quelle façon on peut les résoudre grâce aux avis de personnes absolument autorisées comme vous l'êtes tous ici ; enfin comment il est loisible de préparer par des discussions préliminaires les grosses questions du Parlement.

Les reproches que l'on peut faire aux travaux parlementaires — et j'en entends souvent l'écho — c'est que parfois, dans l'élaboration des lois, les législateurs ne s'appuient pas assez sur la réalité des faits. Le meilleur moyen consiste à avoir l'avis de personnes autorisées comme le sont les Commerçants et Industriels de votre Société; il faut apporter dans l'examen des questions des documents; il faut que les discussions portent sur des faits établis, connus, contrôlés et exposés par les différents membres qui prennent part à vos réunions ; on possède ainsi des questions mieux étudiées et mieux préparées à servir de textes aux législateurs.

Je n'ai pas besoin de rappeler que vous avez déjà passé en revue une quantité de sujets ; la plupart de ces aspirations que nous ressentons en nous-mêmes se sont déjà produites ici et nous avons encore un grand nombre de questions sur le chantier.

Ce soir nous allons entendre M. Siegfried; une autre fois nous entendrons par exemple M. Poirrier, vice-Président du Sénat, qui nous entretiendra du monde du travail en traitant *du repos hebdomadaire.* De même vous avez étudié antérieurement des projets de loi sur *les modifications du régime douanier des tissus de soie;* les effets de la loi sur *la limitation de la journée de travail.* Toutes les questions très importantes que vous traitez sont des plus actuelles; chaque fois que vous les avez examinées vous avez émis des ordres du jour et donné des avis parfaitement motivés.

Je ne puis m'empêcher de remercier la Société des Industriels et des Commerçants de France de m'avoir choisi comme Président. Je lui apporterai mon concours et le plus grand dévouement ; je sais au surplus que je suis entouré de personnes éminentes qui me faciliteront ma tâche, je leur en remets tout l'honneur et serai très enchanté si elles veulent bien me continuer leur collaboration effective.

Je termine en exprimant le charme que j'ai éprouvé pendant ce dîner, en me retrouvant à côté de M. Cheysson ; cette heure et demie s'est envolée avec la rapidité d'un éclair ; nous avons parcouru avec lui un cycle de questions sociales, nous avons parlé de la fondation Rothschild et nous avons terminé par une autre question qu'il connaît mieux que personne, celle de cette union familiale capable de donner à la femme française toutes les qualités désirables dans son intérieur, en vue de lui permettre de retenir son mari au foyer domestique et de lui fournir les moyens de procurer le bonheur à tous les siens.

C'est vous dire que j'emporterai de ce premier dîner un souvenir inoubliable et mes deux voisins me permettront de les en remercier très sincèrement.

Je ne veux pas m'étendre davantage et je vous prie de vouloir bien écouter la conférence extrêmement intéressante de M. Siegfried. Lorsqu'il aura exposé son projet, je donnerai la parole à tous ceux qui voudront la prendre, soit pour poser des questions soit pour présenter des observations. (*Vifs applaudissements.*)

M. Hayem adresse ses remerciements à M. Gaston Ménier pour le dévouement et le concours qu'il apporte à la Société.

M. Hayem donne lecture des lettres d'excuses ainsi que du procès-verbal de la séance du 8 mars 1905 qui est adopté sans observations.

M. Hayem. — Voulez-vous me permettre, Messieurs, d'exprimer à M. Yves Guyot, en votre nom, nos sentiments de reconnaissance pour avoir, depuis la mort de M. Fumouze, présidé nos réunions avec la distinction, la compétence et l'autorité qui le caractérisent... (*Applaudissements*)... Ces applaudissements m'empêchent de continuer et de blesser plus longtemps la modestie de M. Yves Guyot. Je ne veux pas en dire davantage, et je laisse la parole à M. Siegfried.

Monsieur Jules Siegfried. — Messieurs, en qualifiant de conférence, la causerie que je compte faire ce soir, votre Président a dû vous effrayer, mais je me hâte de vous rassurer en disant que j'ai l'intention d'être aussi court que possible, sachant par expérience, qu'après un banquet, l'attention ne peut pas durer longtemps sans fatigue, sur un sujet aussi technique que celui des Retraites ouvrières.

Je n'ai du reste pas la prétention d'épuiser le sujet; ce n'est pas non plus l'idée de ceux qui m'ont demandé de vous en parler; ils ont pensé que la question étant à l'ordre du jour, il serait intéressant d'entendre un rapide exposé des trois principaux projets soumis au Parlement.

Il y a d'abord :

1° Le projet de la Commission d'Assurance et de Prévoyance sociales, dont M. Guieysse est le Rapporteur ;

2° Une proposition que j'ai déposée au groupe de la Mutualité et qui a pour but de donner satisfaction aux Mutualistes ;

3° Enfin une proposition de loi déposée au Sénat, il y a peu de jours, par M. Antonin Dubost.

Voilà les trois projets principaux sur lesquels je vais

appeler votre attention, car il serait trop long de parler de toutes les propositions déposées ces dernières années

Le rapport de M. Guieysse qui est le résultat des travaux de la Commission d'Assurance et de Prévoyance sociales, a pour but d'assurer une retraite obligatoire à tous les ouvriers industriels et agricoles et à tous les employés, soit à environ 9 millions de travailleurs.

Pour permettre de réaliser ces retraites, la Commission propose de retenir 2 0/0 du salaire des ouvriers et employés, et de prélever 2 0/0 sur le patron; c'est avec cette recette de 4 0/0 sur les salaires que la Commission assure, à l'âge de 60 ans, des retraites qui sont bonifiées par l'État jusqu'au chiffre de 360 francs dans les villes, et 240 francs dans les campagnes, sans que cette bonification puisse dépasser 120 francs pour les Travailleurs de l'Industrie et du Commerce, et 100 francs pour les Ouvriers de l'Agriculture. On a pensé qu'il y avait lieu de faire une différence entre ces deux catégories, car à la campagne, un retraité de 240 francs sera dans de meilleures conditions peut-être que l'ouvrier qui aura 360 francs à la ville.

Voilà les bases du projet en ce qui concerne la vieillesse, mais on a prévu également l'invalidité pour laquelle on donnerait une pension qui s'élèverait jusqu'à 120 francs pour l'ouvrier industriel et jusqu'à 100 francs pour l'ouvrier agricole. Le projet a prévu aussi une allocation de 50 francs par mois pendant 6 mois aux veuves dans le cas de décès de leur mari.

Enfin pour les dispositions transitoires — et c'est là une question des plus délicates — on a pensé que si on ne donnait de retraites qu'à ceux qui auront fait des sacrifices depuis l'âge de 20 ans jusqu'à 60 ans, on mécontenterait tous ceux qui ne seraient pas dans ce cas et le projet accorde une retraite de 50 francs à tous les ouvriers dès la promulgation de la loi, et cette somme de 50 francs est portée à 120 francs pour les ouvriers ayant participé à la cotisation pendant un certain nombre d'années.

Voilà les principaux points du rapport de M. Guieysse. Quelle en sera la dépense ? C'est un des côtés les plus délicats et les plus difficiles pour le budget français qui est déjà extrêmement chargé.

La première année la dépense est estimée à 58 millions ; au bout de 5 ans, à 70 millions ; après 10 ans, à 98 millions ; au bout de la vingtième année, à 197 millions ; enfin la trentième année à 239 millions. Vous voyez qu'il y a là une perspective plutôt redoutable pour les finances de l'État ; néanmoins il est évident qu'on ne peut réaliser un projet aussi philanthropique, sans de lourds sacrifices.

La proposition de M. Guieysse est basée sur le système du timbre-retraite emprunté à l'Allemagne. Voici en quoi consiste le système. Les Allemands donnent à chacun des ouvriers une petite carte divisée en 52 casiers qui représentent chacun une semaine : le patron est obligé de coller, chaque semaine, un timbre sur chacun d'eux. Ces timbres ont une importance diverse et sont divisés en 5 classes de salaires:

La première pour les salaires au-dessous de 350 marks, la deuxième de 350 à 550 marks, la troisième jusqu'à 850 marks, la quatrième jusqu'à 1.150 marks et la cinquième au-dessus de 1.150 marks. A chacune de ces classes correspond la cotisation suivante : pour la première de 14 pfennigs, la deuxième de 20, la troisième de 24, la quatrième de 30, enfin la plus élevée est de 36 pfennigs par semaine.

Le patron est donc obligé de coller les timbres sur la carte qui est envoyée, à la fin de l'année, dans l'un des centres régionaux où elle est placée dans un petit casier. Chaque assujetti a son casier particulier, et comme il y a en Allemagne 15 millions d'ouvriers et d'employés qui participent à la retraite, ces casiers prennent une place considérable et nécessitent des bâtiments immenses.

Ce système n'a pas donné grande satisfaction ; en outre de l'ennui que cause le collage des timbres, il y a des difficultés de toutes sortes, et il arrive fréquemment que l'ouvrier ayant perdu le reçu de ses cartes et changé de localité, ne se trouve plus en mesure de profiter de ses sacrifices. Le Ministre du Commerce lui-même a critiqué le système en plein Reichstag et a dit qu'il était nécessaire d'y faire des modifications sérieuses.

Ce n'est peut-être pas le cas au moment où nos voisins critiquent le système des timbres et des cartes de l'adopter.

Passons maintenant à la proposition que j'ai déposée au groupe de la Mutualité. Je l'ai faite pour sauvegarder les intérêts des Mutualistes évidemment atteints par le projet de la retraite obligatoire par l'État.

Depuis longtemps un certain nombre de Sociétés de Secours mutuels font la retraite, c'est même une des raisons qui leur attirent des membres. Si l'État décide de faire directement ces retraites, il nuira par cela même à la mutualité et risquera de l'arrêter dans son développement.

Nous avons pensé qu'il fallait s'efforcer de trouver un système meilleur et c'est alors que j'ai déposé la proposition dont voici les principaux points :

Décréter du jour au lendemain l'obligation de la retraite pour tous les travailleurs m'a paru bien imprudent et d'une organisation difficile ; il m'a semblé qu'il était préférable de procéder par étapes. Je n'ai donc proposé l'obligation que pour les ouvriers qui sont assujettis à la loi de 1898 sur les accidents du travail, car ceux-ci, ayant déjà l'habitude de cette loi, admettent facilement l'obligation de la retraite. J'y ait joint les employés de Commerce ce qui représente un total de 3.500.000 pour les premiers et 700.000 pour les seconds, soit 4.200.000 en tout au lieu de 9 millions d'individus. Comme ressources, j'ai pensé que demander 2 0/0 à l'ouvrier et 2 0/0 au patron c'était une charge trop lourde. Les ouvriers ont déjà des dépenses sociales assez grandes, le patron également ; j'ai estimé qu'il fallait se borner à demander 1 0/0 au patron, 1 0/0 à l'ouvrier et 1 0/0 à l'État, il est bon en effet que l'ensemble des contribuables participent, dans une mesure modérée, à ces retraites. D'après cette taxe, j'obtiens 3 0/0 des salaires, ce qui est suffisant pour donner une retraite de 360 francs à 60 ans. Il ne faut pas en effet avoir la prétention d'assurer des retraites élevées; ceux qui désirent les avoir, peuvent faire les sacrifices nécessaires par eux-mêmes ; le but qu'il faut avoir en vue, c'est d'empêcher un homme de 60 ou 65 ans de tomber à la charge de l'Assistance publique.

J'ai pensé que l'État devait donner en outre, au moment de la liquidation, une bonification pour augmenter les petites retraites. Elle serait de 60 francs jusqu'à concurrence de 360 francs de pensions.

Enfin nous avons estimé que pour l'ouvrier agricole, il ne fallait pas imposer l'obligation de la retraite mais lui en réserver la faculté, bien entendu avec tous les avantages de la loi. Dans la suite si l'obligation donne de bons résultats, il sera toujours facile à tout moment de la décréter pour lui comme pour l'ouvrier industriel et l'employé.

Mais notre projet présente encore d'autres avantages ; la retraite n'est pas l'unique moyen de la prévoyance sociale, je dirai même que ce n'est pas le meilleur. Elle a en réalité un but égoïste ; l'homme qui se prépare une retraite pour sa vieillesse ne pense qu'à lui plutôt qu'aux siens, et cependant le sort de sa femme et de ses enfants, dans le cas où il viendrait à manquer, n'est-il pas plus intéressant encore ? Je ne crois donc pas que la retraite soit une solution unique ; il y a mieux à faire encore, et dans notre proposition nous avons prévu que le quart de la recette serait appliqué à l'assurance en cas de maladie, c'est-à-dire aux Sociétés de Secours mutuels pour éviter une double dépense à l'ouvrier.

Un deuxième quart serait obligatoire pour la retraite viagère; c'est peut-être insuffisant, mais il y a d'autres moyens de s'assurer une retraite, notamment par l'acquisition, au moyen d'annuités, d'une habitation à bon marché, ou bien encore d'une petite propriété rurale.

J'ai toujours pensé que c'était là d'excellents moyens de s'assurer une retraite : en effet par ce système, l'ouvrier ou l'employé entre en jouissance immédiate des sacrifices consentis, tandis que, avant de toucher sa retraite viagère, on est obligé d'attendre de longues années. Le sacrifice fait par l'ouvrier est compensé immédiatement, car il peut payer sa maison ou son terrain par annuités en 20 ou 25 ans, et il jouit ainsi de sa propriété, quoique n'en étant pas complètement propriétaire.

Les deux autres quarts seraient laissés facultativement soit pour ce système, soit pour une assurance en cas de décès ; le travailleur aurait ainsi la liberté des moyens de prévoyance sociale, et le jour où il aurait pris l'habitude d'économiser, on peut être sûr que si la première année il n'a pu mettre de côté que 20 ou 30 francs, au bout de quelques années il en mettra le double ou le triple et arrivera plus vite qu'on ne le suppose à la possession de sa maison ou de son champ.

Nous avons pensé enfin que pour encourager les Sociétés de Secours mutuels, il fallait en faire les intermédiaires obligés du service des retraites: c'est le système belge. Les Belges dont on connaît l'esprit pratique ont voté, il y a une dizaine d'années, une loi de retraites avec l'intermédiaire obligé soit des Sociétés de Secours mutuels, soit de sociétés spéciales dénommées *Mutualités-retraites*. Ils avaient antérieurement étudié le système allemand et en avaient reconnu les inconvénients, aussi se sont-ils bien gardés de l'adopter. Toute leur organisation de retraite se fait maintenant par l'intermédiaire des 1.200 Sociétés de Secours mutuels actuellement existantes en Belgique, et depuis le vote de la loi, il a été fondé environ 3.000 Sociétés de *Mutualités-retraites* qui ont pour but de percevoir les cotisations et de les remettre à la Caisse nationale d'Épargne et de Retraites. Ce sont des intermédiaires très économiques, qui ne nécessitent pas de fonctionnaires; le patron verse à la Société mutuelle qui remet les fonds collectés au Bureau de Poste qui les fait parvenir à la Caisse des Retraites.

J'ai vu fonctionner ce système et j'ai été très frappé de sa simplicité ; aussi suis-je d'avis d'en profiter et, entre les deux systèmes allemand et belge, le dernier est assurément le meilleur.

Pour encourager la retraite et fournir une certaine indemnité aux *Mutualités-retraites*, les Belges donnent, en outre d'une subvention proportionnelle aux versements, et qui s'élève jusqu'à 9 francs pour les premiers 15 francs versés, une somme de 2 francs par livret; nous proposons de faire la même chose et de donner 3 francs, ce qui serait un grand encouragement pour les Sociétés de Secours mutuels.

Enfin comme mesure transitoire, laissant l'invalidité à la charge de l'Assistance publique, conformément à la loi récemment votée par la Chambre des députés et actuellement soumise au Sénat, nous accordons une rente viagère de 30 francs à tous les travailleurs âgés de 60 ans et n'ayant pas pu s'assurer une retraite.

La dépense de notre projet, s'élève à 68 millions la première année, 76 la dixième, 86 la vingtième et 107 millions la trentième année.

Il me reste, Messieurs, à vous parler de la proposition de M. Antonin Dubost qui est très simple, puisqu'il ne demande rien au budget et rien à l'ouvrier, mais tout au patron.

Je ne veux pas dire qu'il demande beaucoup à ce dernier : 0.10 par jour de travail, ou 2 0/0 du salaire : il espère néanmoins donner une retraite de 360 francs. Comme disposition transitoire, il promet, dès la promulgation de la loi, 160 francs de retraite à tout ouvrier ayant dépassé l'âge de 65 ans. C'est extrêmement simple, mais d'après les calculs qui ont été établis par M. Guieysse les ressources seraient tout à fait insuffisantes pour donner la retraite promise.

Je ne veux pas entrer davantage dans les détails de ces différents projets, cela m'entraînerait trop loin ; j'ai tenu seulement à vous donner une idée aussi claire que possible des trois systèmes que nous allons avoir à examiner au Parlement : j'avoue, en ce qui me concerne, qu'il me paraîtrait imprudent de voter l'obligation du jour au lendemain.

D'une autre part il me semble que nous ne devons pas

adopter avec le système des timbres l'organisation directe par l'État, et qu'il serait préférable de choisir un autre moyen qui, au lieu de lui faire tort, encourage la Mutualité qui est l'œuvre d'initiative la plus belle qui ait été réalisée en France. Nous avons 20.000 Sociétés de Secours mutuels et nous serions coupables de faire quoi que ce soit qui pût nuire à une œuvre aussi admirable, qui est l'une des plus grandes forces conservatrices du pays.

Ce n'est pas en remplaçant l'initiative personnelle par une organisation bureaucratique, quelque bien ordonnée qu'elle soit, que l'on formera des caractères; c'est au contraire en utilisant de plus en plus la bonne volonté des citoyens. La Mutualité forme des hommes qui deviennent non seulement actifs et compétents, mais encore des citoyens sages et dévoués qui, connaissant les difficultés pratiques des choses, ne se laissent pas entraîner par les utopies.

Il me semble donc que, dans cette question des Retraites ouvrières, loin de risquer de nuire à la Mutualité, nous devons faire tous nos efforts pour lui donner satisfaction et cela me paraît possible, en en faisant l'intermédiaire obligé d'une réforme qui réalisera ainsi du même coup le secours en cas de maladie et la retraite en cas de vieillesse, c'est-à-dire avec l'assurance en cas d'accident, l'ensemble de la Prévoyance Sociale. (*Applaudissements.*)

M. Gaston MÉNIER remercie l'orateur de sa conférence des plus intéressantes et demande si quelqu'un des membres présents désire prendre la parole.

M. Emmanuel CREMNITZ. — Je m'excuse de prendre la parole la première fois que j'assiste à l'un de vos banquets et la grande compétence de l'éminent conférencier devra pardonner à mon imparfaite connaissance des matières qu'il vient d'exposer.

C'est donc simplement une question et non une observation proprement dite, que je désirerais adresser à l'orateur sur deux points de son exposé.

1° Au sujet de la proportion de la participation dans les retraites ouvrières, je crois qu'il y a une très grande différence entre l'intervention de l'État, celle du patron et celle de l'ouvrier : cette intervention de chacun est basée sur un principe tout différent de celle des deux autres.

L'État, d'après le système de M. Siegfried, devrait donner 1 0/0 à tous sans distinction des salaires. Ceci appliqué à l'État est des plus rationnel et d'une parfaite égalité sociale ; mais si nous envisageons la question de l'intervention du patron et de l'ouvrier, je crois que la première question, avant que de déterminer leur quote-part à chacun, est de savoir quel est le salaire de l'ouvrier.

J'ai l'honneur de demander à M. Siegfried s'il ne peut envisager l'hypothèse du patron versant 2 ou 3 0/0 sur les petits salaires et au contraire 1 ou moins de 1 0/0 sur les salaires élevés ? Par exemple telle ouvrière en fabrique peut ne gagner que 1 fr. 50 par jour alors que tel ouvrier d'art gagnera 20 francs. Peuvent-ils équitablement payer tous deux le même pourcentage ?

La participation de l'ouvrier et du patron pourrait être inversement proportionnelle.

2° A propos du système allemand dont je viens d'entendre la très intéressante synthèse, n'y aurait-il point une solution un peu plus simple et plus équitable vis-à-vis du patron : celle de ne point considérer l'âge de l'ouvrier, mais son temps de travail ? Un homme de 65 ans qui n'aurait commencé à travailler que vers 30 et 35 ans est quelquefois moins intéressant qu'un homme de 50 ans qui travaille depuis l'âge de 20 ans.

M. Siegfried. — Personne ne peut émettre la prétention d'avoir trouvé un système parfait, et si votre Société, Messieurs, voulait étudier de plus près la question et arriver à une solution nouvelle, le Parlement en serait très heureux. Je n'ai pas eu le temps de dire que dans les différents projets, la retenue n'est faite que jusqu'à concurrence d'un salaire de 2.400, que l'on pourrait encore baisser, si, en effet, le travailleur qui a un traitement supérieur, peut arriver à une retraite satisfaisante par ses propres moyens.

Le système de bonification fixe d'un chiffre de 60 à 120 francs répond en partie à la critique de M. Cremnitz, attendu que cette somme est donnée aussi bien au petit ouvrier qui gagne 1. 50 qu'à celui qui gagne davantage ; on rétablit ainsi l'équilibre en faveur de l'ouvrier à faible salaire qui est le plus intéressant.

M. Gaston Ménier. — L'idée que vous avez émise est très judicieuse et avait déjà été exprimée sous une autre forme: quel est le minimum de salaire nécessaire pour l'existence, et par cela même, la fixation du minimum de retraite qui n'avait pas été fixée mais exprimée, il y a quelques années ; alors précisément on arrive pour la constituer à un prélèvement proportionnel d'un tant pour cent. L'idée est de fixer un chiffre proportionnel au gain dont l'ouvrier avait l'habitude. Si vous prenez deux ouvriers, l'un gagnant 5 francs et l'autre 10 francs et que vous leur donniez la même retraite, celui qui avait l'habitude de vivre avec 10 francs par jour se trouvera très malheureux. Voilà la grosse objection qui avait été faite.

M. Julien Hayem. — Nous avons entendu l'exposé très lumineux de trois projets qui sont destinés aux discussions parlementaires; il y en a beaucoup d'autres. Je crois qu'il y a un point qui doit dominer le débat : il n'a été question jusqu'à présent que d'obligation. Il faudrait d'abord s'entendre, et nous demander — c'est le premier point à examiner — si l'État doit intervenir et si la prévoyance sociale doit être soumise au régime de l'obligation. Dans tous les projets législatifs il est question de l'obligation imposée au patron; je ne crois pas que les patrons déjà si accablés puissent subir facilement les charges résultant des retraites ouvrières. Si les patrons étaient surchargés outre mesure, l'État ne s'en porterait pas mieux.

Ce qu'il importe d'examiner, quant à présent, et M. CHEYSSON voudra bien nous instruire sur ce point, c'est dans quelle mesure l'État peut ou ne peut pas intervenir.

M. BLANCHON. — Des trois projets qui viennent de nous être exposés, mes préférences sont pour celui de M. SIEGFRIED. Cependant il y a un point qui me laisse perplexe, c'est en ce qui concerne l'acquisition de la maison ou de la propriété rurale : Comment se fera cette acquisition ? Qui procurera les capitaux nécessaires ?

M. SIEGFRIED. — La loi de 1894 sur les habitations à bon marché permet à des Sociétés de se fonder dans le but de construire des immeubles qu'elles louent à bas prix, ou qu'elles vendent payables par annuités en 20 ou 25 ans. La loi accorde à ces Sociétés certains avantages fiscaux, comme diminutions d'impôts et autorise les Caisses d'épargne, les hospices et bureaux de bienfaisance à consacrer le cinquième de leurs fonds de réserve soit à la construction d'habitations à bon marché, soit en prêts aux Sociétés d'habitations à bon marché. Les Caisses d'épargne ont déjà placé quelques millions dans ces conditions et la Caisse des Dépôts et Consignations a également avancé jusqu'ici 3 millions à 3 0/0.

L'ouvrier qui voudra profiter de ces avantages pourra s'entendre avec l'une de ces Sociétés pour obtenir les avances nécessaires et devenir propriétaire de son habitation.

M. KLOTZ. — L'État doit-il intervenir dans la question des retraites ouvrières ? Doit-on reconnaître le principe de l'obligation ?

Telle est la question qui, semble-t-il, doit être examinée avant d'entrer plus avant dans l'étude si complexe de l'organisation des retraites ouvrières. C'est ce que M. Julien HAYEM vient de vous dire tout à l'heure en quelques mots. Il y a peut-être lieu d'entrer dans quelques détails.

Et d'abord d'où vient le principe de l'obligation ? Evidemment de l'idée que pour arriver à diminuer le nombre des déshérités, il faut obliger à épargner ceux qui sont en âge et en situation de le faire et qu'il faut les contraindre à prendre des mesures pour assurer leur existence lors de leur vieillesse. Mais si l'on admettait une semblable manière de voir, il faudrait que semblable obligation s'étende à la France entière : il ne saurait plus alors être question d'épargne librement consentie. Il faudrait que l'État s'occupe non seulement de ceux qui ont les moyens de subsister suffisamment, mais surtout des déshérités, de ceux qui ne peuvent qu'avec difficulté faire face aux dépenses de chaque jour. Ce sont ceux-là qui au moment de leur vieillesse seraient le plus exposés à être dénués de tout.

En partant du principe de l'obligation on arrive donc nécessairement, inéluctablement, à l'obligation de satisfaire aux retraites pour la vieillesse au moyen d'impôts nouveaux. Ce nous est là un argument contre le principe de l'obligation qui se passe de commentaire.

Au reste, l'obligation prévue dans les projets de loi soumis aux délibérations des Chambres va plus loin. Estimant que la contribution de l'ouvrier seul serait insuffisante pour lui permettre d'obtenir une retraite à l'âge de 60 ans, ces projets de loi font appel au concours de l'État et du patron.

On a recours à l'État en invoquant les idées « solidaristes » d'après lesquelles tout être en venant au monde contracte avec la Société une dette dont il doit s'acquitter envers ceux qui sont moins bien partagés que lui. Ce sont là des idées chères à M. Léon Bourgeois sous le patronage duquel se place M. Guieysse pour faire appel au concours de l'État. Nous ne voulons pas aujourd'hui entreprendre la critique de ce système qui, oubliant que le bien-être individuel consiste d'abord dans la liberté individuelle, veut remplacer la solidarité libre par une servitude d'État : on ne fait plus ainsi de la solidarité, mais on crée seulement des charges nouvelles hors de proportion avec les résultats qu'on pourra en obtenir : la solidarité obligatoire ne peut pas plus être comparée à la solidarité libre que le travail servile ne peut être comparé au travail libre.

Pour faire appel à la contribution du patron, M. GUIEYSSE considère que le salaire journalier ne peut être considéré comme suffisant à acquitter les devoirs de l'employeur envers ceux qu'il emploie. L'entrepreneur, dit-il, ne peut abandonner dans sa vieillesse celui qui, pendant son âge mûr, a été, par son travail, l'instrument de sa fortune, ou l'a aidé, tout au moins, à se maintenir, lui et les siens, à un degré plus élevé de l'échelle sociale. Si en effet, il peut y avoir de ce chef une dette morale, il y a loin de là à prétendre qu'une pareille situation peut donner lieu à une dette juridique, exigible de tous les patrons et payable à tous les ouvriers. Pour que le patron s'intéresse ainsi au sort de son ouvrier, il faut que l'ouvrier ne soit pas un ouvrier nomade, il faut qu'il ait vraiment passé chez lui ses meilleures années, il faut qu'il y ait eu, entre le patron et l'ouvrier, cette coexistence prolongée sans laquelle on ne saurait comprendre que le patron intervienne pour donner au travail une rémunération autre que celle du salaire quotidien. C'est là un côté de la question qui n'a été nullement envisagé. Il y en a d'autres encore : le montant des salaires, la situation plus ou moins prospère du patron, l'importance de son personnel sont autant de facteurs qui doivent influencer la détermination à prendre dans chaque cas envisagé. Il y a en effet certains ouvriers d'art notamment, qui reçoivent des salaires considérables, et on ne comprendrait pas qu'ils fassent appel au concours du patron. Dans d'autres cas, le patron se trouverait dans l'impossibilité de faire face à des charges nouvelles. Nous ne devons, en effet, pas oublier combien durant ces dernières années, les charges patronales ont été augmentées. La réduction de la durée de la journée de travail de 12 heures et 11 heures à 10 heures a diminué l'importance de la production, dans des proportions très sensibles, sans que, dans bien des cas, le patron ait pu réduire en proportion le salaire par lui alloué. La nouvelle législation sur les accidents du travail a créé aussi à l'industrie de nouvelles charges considérables. Si nous examinons le nouveau tarif du 8 décembre 1904, établi par la Caisse nationale d'Assurances en cas d'accidents (et publié au *Journal officiel* du 10 décembre) nous constatons que le montant des primes s'élève pour certaines industries jusqu'à 9.95 0/0 du salaire, et que ces primes peuvent encore être majorées de 30 0/0 (1).

Ce sont des charges considérables, et qui sont peu de nature à faire prospérer les industries qui emploient un grand nombre d'ouvriers, industries qui, au point de vue de l'ouvrier même, devraient plutôt être encouragées. Si on veut surenchérir encore par une loi sur les retraites ouvrières, nous devons nous demander si, en s'efforçant d'améliorer le sort des ouvriers, on n'ira pas à l'encontre de leurs intérêts, et si, en essayant de leur assurer une retraite pour leur vieillesse, on ne commencera pas par les priver du pain quotidien, en acculant le patron à la ruine, où tout au moins, en l'incitant à développer le plus possible l'usage des machines-outils. Le projet de loi de M. GUIEYSSE, prévoit en effet un versement de 4 0/0 fait par le patron, dont 2 0/0 faits pour son compte, et 2 0/0 prélevés sur le salaire de l'ouvrier. Est-ce qu'en fait, sinon en droit, pour éviter des grèves ou de gros embarras avec son personnel, le patron ne serait pas le plus souvent obligé de faire le versement de ces 4 0/0 sans rien retenir à ses ouvriers? évidemment oui. De sorte que nous aurions ainsi des industries où (en ajoutant aux primes pour les retraites, les primes pour les accidents) le salaire se trouverait majoré de 14 0/0.

Le principe de l'obligation pour les retraites entraîne

---

(1) Si toutes les industries ne doivent pas payer des primes aussi élevées, nombreuses sont pourtant celles qui doivent payer de 5 à 10 0/0 du salaire : les fabriques de briquettes, sans déchargement du bateau, paient 3.73 0/0; avec déchargement des bateaux 5,31 0/0 ; les entreprises de déchargement des bateaux 4,15 0/0 ; les fabriques de caisses 4,49 0/0 ; les fabriques de chaises 4,72 0/0; les entreprises de chaudronnerie 5,75 0/0 ; de camionnage lourd 7,41 0/0; de puisatiers 9,05 0 0; de carrières de gravier 9,57 0/0; d'abatage de bois 9,95 0/0 ; et toutes ces primes peuvent être réduites ou majorées de 30 0/0; en raison des conditions particulières d'exploitation des entreprises assurées.

donc pour le patronat, tout au moins dans un certain nombre de cas, des aggravations de charges écrasantes, qui risqueraient d'enlever à l'ouvrier son gagne-pain et de compromettre par leur application l'existence des œuvres patronales fonctionnant actuellement (1).

N'y a-t-il donc rien à faire ? Les institutions patronales, les Sociétés de Secours mutuels actuellement existantes, toutes œuvres d'initiative privées sont là pour nous prouver le contraire.

Qu'il nous soit permis de citer notamment les grandes Compagnies de chemins de fer, les Compagnies d'assurances, les mines du Creusot, de Baccarat, les usines Ménier, Moet et Chandon, Saint-Gobain, les magasins du Bon Marché, du Louvre, la Banque de France, le Crédit Foncier, etc., etc. Ce sont là toutes œuvres faites spontanément, sans intervention de l'État, et qui se sont occupées non seulement du bien-être financier, mais aussi du bien-être moral de l'ouvrier et de l'employé. On s'y est occupé non seulement d'assurer aux ouvriers, soit un capital, soit une rente pour leurs vieilles années, mais d'aucuns ont pris des mesures pour leur venir en aide, soit en cas d'accouchement des femmes, soit en cas de maladie ou d'invalidité; d'aucuns se sont même occupés de les loger dans des habitations dont ils deviennent propriétaires; d'autres ont pris soin d'élever et d'instruire leurs enfants. La question ouvrière sous toutes ses faces a donc déjà préoccupé le monde industriel. Malheureusement, tous ces efforts sont souvent ignorés du public qui ne peut y puiser un enseignement utile, et par contre-coup, les efforts de beaucoup sont mal dirigés et deviennent stériles. Sans vouloir citer personne comme exemple, nous connaissons une maison où des primes à l'ancienneté sont données au personnel

---

(1) Lorsque fut promulguée la loi du 27 décembre 1895 supprimant les Caisses patronales, il y eut dans l'industrie un tel tollé général que la loi ne fut jamais appliquée. Néanmoins l'effet était porté et un certain nombre de chefs d'entreprise, supprimèrent les institutions existantes, ou renoncèrent à créer celles qu'ils étaient en train d'organiser (Rapport de M. Léon Marie. Exposition universelle de 1900. G, XVI, p. 120)

de façon telle que si ces primes étaient versées annuellement par l'ouvrier ou l'ouvrière à la Caisse nationale des retraites pour la vieillesse, au taux de 3 1/2 0/0 actuellement servi par cette Caisse, une ouvrière entrée à 15 ans à l'usine pourrait arrêter ses versements à 33 ans et avoir à 55 ans une retraite de 370 francs (à capital aliéné), ou arrêter ses versements à 30 ans pour avoir à 60 ans une retraite de 410 francs. Si l'ouvrière n'entrait qu'à l'âge de 25 ans, elle devrait continuer ses versements jusqu'à 48 ans, pour avoir une retraite de 361 francs à 55 ans, et seulement jusqu'à 43 ans pour avoir une retraite de 373 francs à 60 ans. Un ouvrier entrant à l'usine à 35 ans pourrait encore bénéficier à 60 ans d'une retraite de 370 francs, et un ouvrier y entrant à 42 ans bénéficierait à 65 ans d'une retraite de 377 francs. (Voir tableau ci-après).

Ce n'est là qu'un exemple entre mille ; d'autres certainement ont fait mieux encore, mais il était intéressant de signaler, ne fût-ce que celui-ci, pour montrer que dans l'ordre d'idées qui nous occupe aujourd'hui, l'initiative privée a déjà pu obtenir des résultats intéressants au moyen des seules institutions actuellement existantes.

Age d'entrée dans l'usine	VERSEMENTS ANNUELS		Age d'entrée dans l'usine	VERSEMENTS ANNUELS		Age d'entrée dans l'usine	VERSEMENTS ANNUELS	
	Arrêtés à l'âge de :	Permettant d'obtenir à 55 ans rente de :		Arrêtés à l'âge de :	Permettant d'obtenir à 60 ans rente de :		Arrêtés à l'âge de :	Permettant d'obtenir à l'âge de 65 ans rente de :
15	33	370	15	30	410	15	26	377
20	41	389	20	36	377	20	32	364
25	48	361	25	43	373	25	39	383
			30	51	387	30	45	360
						35	52	362
						40	60	365

Il est certain que pareil effort n'a pu être fait que parce que les affaires de l'industriel dont nous venons de parler étaient suffisamment prospères pour qu'il pût s'imposer ce sacrifice. Nombreux sont les patrons qui voudraient en faire autant, mais qui, en raison de leurs bénéfices restreints, doivent reculer devant cette dépense. Fournissons-leur les moyens de réaliser leurs bonnes intentions en permettant à leurs affaires de se développer, dans un libre commerce avec l'étranger, affranchi dans notre pays de réglementations tracassières et nous verrons parmi tous les industriels une belle émulation pour améliorer le sort des ouvriers, auquel, quoi qu'on en dise, celui des patrons est intimement lié.

Il y aurait cependant quelque propagande à faire pour apprendre aux patrons ce que trop d'entre eux ignorent encore malheureusement. Il faudrait non seulement attirer leur attention sur les besoins des classes ouvrières, mais aussi leur enseigner tous les moyens qu'ils ont à leur disposition pour leur venir en aide, leur expliquer notamment qu'il ne convient pas seulement de donner aux ouvriers des primes à l'ancienneté, mais qu'il faut aussi stimuler leur initiative en leur indiquant avec toutes explications nécessaires le meilleur emploi qu'ils peuvent faire de ces gratifications, soit pour s'assurer une rente pour leurs vieux jours, soit pour contracter une assurance en cas de décès, soit pour se constituer un petit patrimoine terrien au moyen d'un bien de famille, ou d'une location-achat d'une maison dite « habitation à bon marché. »

Nous croyons que l'État doit intervenir, non pour réglementer et pour supprimer l'initiative individuelle, mais uniquement pour l'éduquer et la stimuler. Comme le disait Jean Dollfus: « C'est du tête à tête du chef d'entreprise et de ses collaborateurs que peut naître la paix sociale et non des grandes organisations où la loi intervient pour partager en deux camps le monde du travail. »

M. Alfred Neymarck. — Messieurs, après l'exposé si intéressant, si clair de M. Siegfried, je m'excuse de prendre la parole: je ne suis qu'un remueur de chiffres et c'est une simple question de chiffres que je désirerais poser. Quel est le montant total des salaires payés en

France aux travailleurs agricoles, commerçants, industriels ? Cette question a son importance, car suivant la réponse, bien des conséquences peuvent en résulter en faveur ou contre les propositions et projets sur les assurances ouvrières.

Il y a une dizaine d'années, en 1894 et 1895, *à la Commission extra-parlementaire de l'impôt sur les revenus*, dont j'avais l'honneur de faire partie, nous avons cherché à établir aussi approximativement que possible, le montant des salaires payés en France. Il était d'autant plus utile de faire cette évaluation que, dans le cas où après avoir fait table rase de tous les impôts existants, les travaux de la Commission auraient abouti à frapper tous les revenus, les salaires, y compris les gages des domestiques, les bénéfices agricoles, auraient été atteints. Or, on était arrivé, d'après le rapport de notre regretté collègue et ami M. Coste, à fixer à 4.400 millions les salaires des ouvriers d'industrie et journaliers agricoles : 3.600 millions pour les ouvriers d'industrie; 800 millions pour les journaliers agricoles. Il y avait aussi 2.600 millions de gages, savoir 1.200 millions pour les domestiques agricoles, 1.400 millions pour les domestiques attachés aux personnes. Cela faisait un total de 7 milliards de salaires et gages. D'autres membres prétendaient que ces chiffres étaient un minimum et on a parlé parfois de 10, 15, 20, 25 milliards. Sont-ce les chiffres de M. Coste ou d'autres qui ont servi de base aux calculs sur les diverses propositions sur les retraites ? Il serait utile de le savoir. Aussi quand M. Siegfried propose de prélever 1 0/0 sur les salaires et M. Guieysse 2 0/0 sur ces mêmes salaires, en même temps que d'après M. Siegfried, les commerçants et les industriels paieront de leur côté, 1 0/0, et l'État 1 0/0, soit en tout 3 0/0, le point essentiel, primordial, sur lequel il conviendrait tout d'abord de s'entendre est celui-ci : Quel est le montant des salaires ?

M. Siegfried. — Il n'y a pas de chiffres exacts; l'estimation s'élève à neuf millions d'individus environ.

M. Yves Guyot. — Le dépouillement de 1896 estime sept millions.

M. Siegfried. — D'après les chiffres de M. Guieysse, pour les ouvriers industriels, le chiffre serait de 4 millions 200.000; pour les employés de commerce de 700.000; pour les ouvriers agricoles de 4 millions.

M. Alfred Neymarck. — Est-ce 7, 8, 9 ou 10 millions de salariés ? Premier désaccord ; mais ce n'est pas là la réponse à ma question. « Quel est le montant des salaires que ces 7, 8, 9 ou 10 millions de salariés reçoivent ? Certaines propositions se bornent à dire qu'on prélèvera tant par journée de travail, c'est encore un autre système ; mais si on fait intervenir l'État, le Commerce, l'Industrie, les salariés, pour prélever un tantième égal sur les salaires distribués, encore faut-il connaître quel est le montant de ces salaires. Et, à ce point de vue encore, permettez-moi de faire observer qu'il faut s'entendre sur les mots qu'on emploie, quand on parle tantôt de « salariés », tantôt de « travailleurs » ; nous sommes tous des « travailleurs », et non tous des « salariés » !

M. Siegfried. — Voilà comment nous pourrions résoudre la question : Je prends 9 millions de travailleurs au total. Pour 4 millions d'ouvriers agricoles, dont la moyenne de salaires serait 600 francs, on trouve un chiffre de un peu plus de 2 milliards. Pour 5 millions de travailleurs industriels et commerçants, on prendrait la moyenne de 1200 francs de traitement, soit environ 6 milliards. On arrive ainsi à un total de 8 milliards, ce qui à 1 0/0 feraient 80 millions. Vous trouvez le capital colossal, et M. Guieysse, dans son rapport, parle de 20 milliards à placer : il dit même que toute la rente se trouverait immobilisée.

M. Alfred Neymarck. — Eh bien soit : j'accepte vos chiffres, si vous le voulez bien sous bénéfice d'inventaire. Il existerait donc en chiffres ronds, 10 milliards de salaires. Prenons ces chiffres simplement comme base de discussion. Sur ces 10 milliards de salaires, 1 0/0 soit 100 millions seront payés par les salariés, 1 0/0 soit 100 millions seront payés par les commerçants et les industriels qui les emploient, 1 0/0 soit 100 millions seront payés par l'État. Soit un total de 300 millions par an qui devraient être fournis chaque année par les uns et les autres.

Voilà ma base de calculs et dès lors, n'êtes-vous pas immédiatement frappés par l'énormité de ces chiffres ? 100 millions prélevés sur les salariés, 100 millions prélevés sur les commerçants, les industriels, les agriculteurs ? mais ces deux cents millions dépassent déjà d'une trentaine de millions le montant des contributions personnelles mobilières qui sont l'objet de tant de propositions de réformes, de nos vieilles contributions directes ! C'est à 18 millions près le produit total de l'impôt des patentes avec les centimes généraux, départementaux et communaux. Et quant aux 100 millions que l'État aurait à payer, l'État c'est-à-dire nous, les contribuables, c'est-à-dire encore le Budget, le Trésor, comment pouvoir inscrire au budget un chiffre pareil, quand on songe aux difficultés qu'on éprouve tous les ans à équilibrer ce budget et que pour y arriver, on réforme parfois certaines dépenses urgentes, ou bien on diminue des crédits indispensables, sauf à les rétablir sous forme de crédits supplémentaires quand le budget est bouclé, voté et que le prochain budget est en préparation. Je me demande quel Ministre des Finances assez hardi, quelle commission de budget, quel rapporteur général pourraient inscrire annuellement 100 millions au budget pour contributions de l'État aux retraites ouvrières !

Mais enfin admettons un instant, que les objections soient facilement levées, que les difficultés n'existent pas. La loi est votée : il faudra placer 300 millions la première année, 300 millions la seconde année plus les intérêts des premiers 300 millions, et ainsi de suite tous les ans : c'est en un mot une capitalisation annuelle de 300 millions qu'il faudra effectuer, capitalisation qui devra être réalisée par l'achat de valeurs déterminées par la loi, rentes ou titres garantis par l'État.

Si vous voulez réfléchir que sur nos 65 milliards de titres français, 50 milliards sont déjà constitués en rentes françaises, actions et obligations de chemins de fer français, obligations du Crédit Foncier et de la Ville de Paris, et que sur ces 50 milliards 75 0/0 sont immatriculés au nominatif c'est-à-dire constituent des placements presque immuables, répartis, disséminés à l'infini, comme les 25 0/0 de titres au porteur; il sera matériellement impossible de se limiter à de tels placements. Capitalistes et spéculateurs, sauraient que tous les ans, obligatoirement, des centaines de millions seront placés en titres d'État, garantis par lui : ils commenceraient par acheter, ils feraient la hausse, et cette hausse, surélevant les cours, provoquerait de nouvelles et nombreuses conversions dont les rentiers seraient les premières victimes. Il arriverait conséquemment ceci, c'est que la diminution de revenu imposée par les conversions aux rentiers finirait par retomber sur les commerçants et les industriels ; car moins élevés sont les revenus de ceux qui possèdent, moins élevées sont leurs dépenses. Il faudrait chercher des placements à l'Étranger, ce serait la chasse aux revenus élevés, chasse qui aurait encore pour conséquence de provoquer la diminution. Et il ne faut pas croire que cette recherche soit très facile, car avec le régime fiscal des valeurs étrangères en France, régime financier protectionniste, les grandes valeurs étrangères nous échappent, les moins bonnes ou les moins sérieuses nous restent.

Je pourrais vous citer les difficultés éprouvées par de grands, très grands établissements financiers pour effectuer des placements en France, et obligés d'acheter comme placement temporaire des Bons du trésor... étrangers.

Supposons cependant que ces éventualités ne se produisent pas, que l'on trouve à acheter facilement de grandes valeurs françaises garanties par l'État, rentes, obligations ; pour qu'il y ait un acheteur, il faut qu'il y ait un vendeur. Or, dans la circonstance, ce vendeur serait le petit rentier sur l'État qui est en France légion ; ce rentier qui est une force et une sauvegarde pour notre pays et c'est lui qui serait obligé de déserter des placements de tout repos pour chercher par ailleurs un autre emploi de ses épargnes.

J'aurais encore bien des arguments et des observations à présenter, mais je me borne à vous exposer les difficultés que j'entrevois au point de vue pratique pour l'exécution et la réalisation de ces idées généreuses, philanthropiques, humanitaires, sociales. Je vous ai parlé comme un homme de chiffres et je m'en excuse. On peut être partisan des retraites ouvrières comme de toute mesure qui aura pour conséquence d'améliorer le sort aussi bien de ceux qui travaillent que de ceux qui sont malheureux et qui souffrent, mais encore il est nécessaire que les idées, les propositions, les projets, les milliers de théories, soient aussi facilement réalisables que la pratique. Or, j'en reviens en terminant à ma première objection. Avant de dire que les salariés prélèvent tant pour cent sur leurs salaires, que les commerçants et les industriels prélèvent tant, que l'État, le Budget, ne l'oublions pas, paiera tant, il faut d'abord s'entendre sur le montant précis des salaires payés en France ; en second lieu je demande si les commerçants et les industriels pourront supporter une aussi lourde charge et si le Budget est assez riche pour payer 100 millions par an. Il faudrait enfin examiner si la capitalisation d'aussi gros capitaux est possible, quelle en serait la conséquence pour les rentiers sur l'État, pour l'Épargne. Je m'excuse d'avoir été aussi long, mais la question est tellement grave surtout pour le commerce et l'industrie, tellement complexe, qu'on ne saurait trop y insister, et peut-être serait-il désirable que cette discussion fût continuée à une prochaine séance.

Après ce discours chaleureusement applaudi, M. Gaston Ménier et M. Julien Hayem proposent de remettre à la prochaine séance les suites de la discussion sur *les Retraites ouvrières.* Cette motion est adoptée à l'unanimité.

Séance du mercredi 10 mai 1905.

M. Gaston MÉNIER donne la parole à M Cheysson.

Le problème des retraites ouvrières.

M. CHEYSSON, Membre de l'Institut.

Messieurs,

Le problème de la vieillesse n'est pas précisément nouveau. Il s'est posé depuis les premiers âges du monde. Aussitôt qu'il est apparu des hommes sur la terre, tous ceux, qui ne sont pas morts jeunes, — on peut l'affirmer sans témérité — ont vieilli, et, — second truisme, non moins incontestable que le premier —, si, devenus incapables de travailler, ils ne sont pas morts de faim, c'est qu'ils ont trouvé les moyens d'assurer leur existence.

I. — Le problème de la vieillesse dans le passé.

Ces moyens multiples, ont été, dans le passé, d'une extrême simplicité. Parmi eux, il faut faire une place d'honneur à la famille, à laquelle, imprégnés que nous sommes d'individualisme, nous avons l'air de ne plus guère songer aujourd'hui, bien qu'elle nous offre presque toujours la plus efficace et la meilleure des solutions pour les problèmes sociaux. La famille n'est pas un groupement artificiel, formé par la juxtaposition d'intérêts momentanés ; c'est l'association naturelle, primordiale dont les membres sont unis par les liens du sang. Elle demeure, alors que tout passe ; elle conserve intacte son unité à travers les âges ; elle répare constamment ses pertes et fait avec de courts chaînons soudés bout à bout une chaîne indéfinie, qui relie les générations successives et rattache le présent au passé et à l'avenir. C'est elle qui entretient ses enfants et ses vieillards, dont les membres valides assument la charge, en attendant qu'à leur tour ils soient plus tard soutenus par la communauté ; harmonieux échange de services, inspiré par la tendresse familiale, et qui résout admirablement le problème de la vieillesse, comme celui de l'enfance.

Cette solution n'est pas la seule : il en existe d'autres, presque aussi anciennes et non moins instinctives.

L'homme a de tout temps éprouvé un grand attrait pour la terre : elle est l'objet de ses désirs constants, sa passion dominante, sa maîtresse, suivant le mot de Michelet. Elle représente pour lui la caisse d'épargne toujours ouverte, la tirelire la plus fidèle, le placement le plus sûr. Il en est à peu près de même pour l'acquisition de sa maison et pour celle de son atelier, qui lui inspirent des efforts continués sans relâche pendant toute une vie de labeur. Une fois qu'il a atteint l'un de ces buts, le travailleur peut voir arriver la vieillesse sans inquiétude, puisque les revenus de son champ, de sa maison, de son atelier lui tiennent lieu de retraite.

Tout cela s'est fait depuis la plus haute antiquité, spontanément, sans intervention de l'État, sans formalisme bureaucratique, parce que tout cela découle des aspirations mêmes de la nature humaine.

Si j'osais recourir à une comparaison physiologique, je dirais qu'il en était de cette fonction de la prévoyance familiale comme de celle d'un estomac normal, qui remplit son office à notre insu. Ce n'est que le jour où il se détraque que l'on commence à s'apercevoir de son existence et à faire appel au médecin.

II. — Le problème actuel de la vieillesse.

C'est précisément ce qui s'est produit dans notre organisme social par suite de l'avènement de la grande industrie.

Autrefois, la population était principalement rurale. Or,

aux champs, le grand air conserve le paysan, qui, tout en se courbant, reste en général vert et robuste. Le vieillard achève son existence au foyer domestique, où il se rend utile en gardant les petits-enfants, en soignant les animaux et la basse-cour, en cultivant un coin de jardin, en menant le bétail au pâturage, en s'acquittant, en un mot, des menues besognes à sa portée.

Par cela même qu'elle attirait les paysans autour des usines et désorganisait la famille, la grande industrie amenait une véritable révolution dans la situation des vieillards. Trop souvent anémiés par un travail sédentaire, épuisés par la fatigue du métier, lentement ruinés par l'insalubrité de leur logement et par le défaut d'hygiène, privés d'air, de verdure et de soleil, déracinés de la terre, qui est la mère nourrice de l'homme, souvent entraînés par les séductions du cabaret et atteints par l'alcoolisme, les ouvriers deviennent de bonne heure incapables de gagner leur vie et celle des êtres dont ils ont la charge. S'ils n'ont pas su ou pu faire acte de prévoyance, ils se trouvent, dans leurs vieux jours, condamnés aux plus dures privations et peut-être réduits à implorer le secours public de l'assistance publique ou de la bienfaisance privée.

Il faut le dire à l'honneur de notre époque : jamais les misères humaines n'ont éveillé autant de sollicitude que de nos jours ; de toutes parts, avec une admirable et touchante ingéniosité, on s'efforce de les atténuer dans la mesure du possible et d'éviter les maux évitables. Aussi, en présence des souffrances endurées par les vieillards, l'opinion publique s'est-elle justement émue et a-t-elle mis à l'ordre du jour la question de la vieillesse.

Dans cette recherche des remèdes, des esprits généreux et impatients d'aboutir ont écarté, comme inefficaces, ou trop lents en tous cas, ceux des améliorations qui dépendent de la famille ou de l'initiative privée. On a fait, disent-ils, un assez long crédit à la liberté ; mais elle n'a obtenu que d'insignifiants résultats. On ne peut plus attendre. Le mal est grave, pressant et il veut une solution dont l'ampleur réponde à ses exigences. L'État seul est de taille à suffire à la tâche. Il faut prendre modèle sur l'organisation allemande, dont les succès, dit-on, ont pleinement répondu aux espérances de ses promoteurs, lui emprunter son mécanisme et son moteur, c'est-à-dire recourir à l'obligation, hors de laquelle il n'y a que des velléités incohérentes et des résultats partiels.

C'est ainsi qu'il s'est créé dans notre pays un grand courant en faveur de la retraite obligatoire et c'est, dans ces termes, que la question est actuellement posée devant notre Parlement.

Quoiqu'il soit bien difficile de remonter les courants d'opinion, quand ils ont pris une telle violence, c'est un devoir, pour ceux qui croient aux inconvénients et aux dangers de l'obligation, de la combattre, tant que la question n'est pas définitivement tranchée et qu'il ne s'est encore rien fait d'irréparable.

Ne pouvant ici reprendre à fond le débat, je me bornerai à résumer en quelques mots les objections qu'opposent à ce système ses adversaires et, comme on ne peut rester sur une négation, j'indiquerai ensuite la solution libérale qui peut être, à mon sens, victorieusement opposée à la solution étatiste.

III. — Les objections contre l'obligation.

a). — *Dangers de la centralisation pour l'État.*

Un premier grief qu'on peut articuler contre l'obligation, c'est de compromettre l'État lui-même, en donnant une envergure formidable aux problèmes qui touchent à la vie privée.

Tous ces services, d'ordre domestique et familial, s'accomplissent sans frottement et sans heurt, tant qu'ils restent enfermés dans le cercle de la famille et de l'association, mais ils se compliquent étrangement le jour où l'État veut en assumer la responsabilité.

Supposons, par exemple, que, frappé de l'inexpérience et de l'ignorance de beaucoup de mères —qui, faute de soins éclairés ou par suite de pratiques routinières, mettent en danger la vie de leurs nourrissons : l'espérance de l'avenir, — l'État institue une grande pouponnière nationale, où les enfants, confiés à des nourrices assermentées, seraient entourés de l'hygiène la plus scientifique, avec une inspection fortement organisée. Peut-on même entrevoir les embarras, les frais, les responsabilités de ce service, alors qu'il se fait si simplement aujourd'hui par la mère, qui n'a qu'à dégrafer son corsage et à offrir le sein à son poupon ? Il est même probable que, par surcroît, la mortalité infantile serait sérieusement aggravée.

Il en a été de même longtemps pour l'approvisionnement des villes. Les rois se croyaient tenus en conscience d'assurer la subsistance de leur peuple et n'osaient la confier au libre jeu de l'instinct privé. Ils réglementaient donc à tort et à travers, produisant précisément avec leurs interventions indiscrètes le désordre qu'ils voulaient éviter. Aujourd'hui, en voyant aux halles de Paris cette adaptation exacte entre les ressources et les besoins, un homme, peu familiarisé avec ces questions, serait tenté d'en faire honneur à la sagesse de l'autorité, qui aurait, d'après lui, tout su prévoir et combiner avec ordre et mesure. En réalité, l'expérience a démontré que ce que les gouvernements avaient de mieux à faire en pareil cas, c'était de s'épargner toute ingérence dans ces opérations commerciales, dont la liberté suffisait à assurer sans eux l'équilibre.

On voit par ces deux exemples combien la centralisation aggrave la difficulté des tâches les plus simples. Divisées, elles ressemblent à ces baguettes que l'on casse aisément ; réunies, elles opposent une résistance invincible aux efforts, même les plus vigoureux.

C'est là précisément ce qui arriverait dans le cas où les retraites seraient centralisées par l'État, et c'est ce qui se produit sous nos yeux en Allemagne, à en juger par les déclarations faites le 2 mars 1905, au Reichstag, par le vice-chancelier de l'Empire, M. de Posadowsky.

A cause de leur importance, et pour ne pas les trahir en les résumant, je crois devoir en citer textuellement quelques passages:

« Nous avons, tout en haut, un édifice gigantesque, l'Office impérial des assurances. Mais cet édifice n'a en réalité pas de bases, pas de fondations. On a purement et simplement mis sur le dos des autorités existantes la charge écrasante de l'application quotidienne des lois existantes.

« Les autorités administratives ne peuvent plus à la longue supporter le surcroît de travail qui leur est imposé par l'application de nos lois sociales et accomplir ces travaux aussi bien que l'exigent l'intérêt financier et l'intérêt social...

« Tout nous pousse à donner à l'assurance ses fondations propres, c'est-à-dire à organiser, sous une direction professionnelle et spécialisée, un système d'agents inférieurs, chargés d'appliquer la loi en première instance dans des circonscriptions peu étendues, d'examiner sur les points de fait toutes les demandes, de diriger la perception des cotisations, de surveiller les pensionnés, de régler le traitement médical, d'assurer le traitement des rentes... On créerait ainsi, pour de petites circonscriptions, des administrations ou offices spéciaux de politique sociale, qui seraient les organes locaux de la politique sociale, les collaborateurs de l'œuvre de protection sociale.

« Pour bâtir un tel édifice, il faudrait presque disposer de la toute-puissance d'un dictateur. Quand on se rappelle l'origine et l'évolution de nos organisations de politique sociale, la création d'un organisme nouveau bien homogène, travaillant vite et clairement, apparaît comme l'une des tâches les plus compliquées. On ne pourra résoudre le problème que s'il se trouve un Parlement disposé, le jour où lui serait présenté un tel projet de loi sur la matière, à renoncer à l'examen de tous les détails et à adopter, au contraire, avec confiance les clauses principales du projet pour laisser à l'avenir le soin de perfectionner le système.

« ... Si l'on veut que la politique sociale allemande

repose enfin sur des bases financières sûres et qu'elle produise son plein effet de protection, il ne reste pas d'autre ressource que d'aborder courageusement la grande réforme dont je viens de parler (1). »

Il résulte de ces citations, dont l'intérêt fera excuser la longueur, que les autorités allemandes sentent le besoin de consolider les fondations de leur gigantesque édifice (2), en lui donnant pour base une bureaucratie spéciale, accordée sans examen à un dictateur par la confiance du Parlement.

Mais ce qu'il convient surtout de remarquer et de retenir, c'est l'appel à une décentralisation de la politique sociale entre des offices locaux opérant dans de petites circonscriptions. C'est là une vue très judicieuse, qui confirme ce que nous avancions nous-mêmes sur les inconvénients de la centralisation et qui devra nous faire encadrer précieusement dans notre organisation de retraites, tous ces libres organes locaux d'action sociale que nous avons la bonne fortune de posséder encore, bien loin de les étouffer, pour chercher ensuite à les reconstituer chèrement et pesamment sous la forme bureaucratique.

b). — *Charges de l'obligation.*

Dangereuse au point de vue administratif, l'obligation l'est plus encore au point de vue financier. Elle entraîne, en premier lieu de lourdes charges qui, par exemple, se sont élevées en 1904, pour les trois assurances alleman-

---

(1) *Annales du musée social* (avril 1903, p. 144-146).

(2) « Il faut voir avec quel mépris, dit M. Mabilleau, M. Bœdiker lui-même, le grand maître et fondateur de l'Office impérial des assurances allemandes, traite la double cotisation (patronale et ouvrière), le collage des timbres, la capitalisation et tout ce que les naïfs de chez nous considèrent comme « les bases intangibles de l'assurance ouvrière ». Il faut l'entendre demander « la refonte complète d'un système », que condamnent des vices, des abus, des dépenses sans bornes et qui, selon lui, conduit logiquement à cette solution extrême : l'établissement d'un impôt d'Etat dont le produit serait intégralement appliqué aux retraites des travailleurs ». (Le *Matin*, 21 septembre 1903. — Article sur le Congrès de Vienne.)

des, à 570 millions, dont 150 millions pour l'assurance invalidité.

Les partisans du système disent que ces charges n'ont pas nui à la prospérité économique de l'Allemagne, si même elles n'y ont contribué par la sécurité donnée à la population ouvrière. Ils ne sont pas troublés dans leur optimisme par l'augmentation des voix socialistes à chaque élection au Reichstag et ils affirment que, sans l'assurance ouvrière, le nombre de ces voix serait encore plus grand et le socialisme plus intransigeant.

C'est affaire à chaque peuple de voir le fardeau qu'il peut porter sans fléchir, eu égard à l'état de son industrie. Telle contribution sociale, que subit impunément un pays en plein essor commercial, pourrait être écrasante pour un autre pays qui, moins bien partagé, serait en quête de débouchés et souffrirait de la surproduction.

Par exemple, il semble que notre industrie, prise dans son ensemble, aurait peine à fournir annuellement au service des retraites ouvrières des sommes, évaluées dans le projet soumis au Parlement : pour la quote-part des ouvriers et des patrons, à 300 millions, et pour celle de l'État, la première année, à 70 millions et trente ans plus tard à 230 millions.

C'est là un accroissement notable de charges, qui, malgré sa contre-partie sociale, serait difficilement supportée par les maisons peu solides, par les petits artisans, les agriculteurs. Si donc l'on devait se résigner un jour à l'obligation, après avoir épuisé toutes les ressources de la liberté, il semble qu'il conviendrait au moins de sérier les étapes, et de n'atteindre d'abord que la grande industrie, qui est plus en état de subir ce régime, sauf à procéder par extensions successives, ou par le système de « la tache d'huile », qui est souvent employé avec succès en matière de législation sociale.

c). — *Dangers de la Capitalisation et de la Répartition.*

En dehors même des charges directes de l'obligation, son organisation financière se heurte, par l'immensité même des capitaux à mettre en jeu, à des obstacles formidables.

On a, pour cette organisation, le choix entre ces deux systèmes, dont chacun a ses partisans et ses adversaires également convaincus, la Capitalisation et la Répartition, le *Deckungsverfahren* et l'*Umlagenverfahren* des Allemands.

La Capitalisation est le système favori des actuaires: c'est celui que pratiquent les compagnies d'assurance sur la vie. Il accumule dans leurs caisses les capitaux constitutifs et les réserves mathématiques, qui doivent servir de gage à leurs assurés, pour garantir le service des pensions auxquelles ils ont droit d'après leur police.

Dans la Répartition, au contraire, on attend les échéances et l'on y fait face, comme on peut, avec les ressources du moment. En un mot, chaque service ne supporte que ses charges immédiatement exigibles.

La Capitalisation semble, par ce simple exposé, justifier les préférences des actuaires; et les justifie, en effet, pour l'assurance privée; mais, quand on veut l'appliquer à une organisation sociale de l'assurance obligatoire et générale, elle soulève deux grosses difficultés: l'une, parlementaire, l'autre, financière.

La première provient de la lenteur de ses effets, qui ne se font sentir qu'au bout d'un temps très long, puisqu'ils exigent l'accumulation progressive des capitaux constituant le gage des assurés. Ce jeune homme de vingt ans qui commence aujourd'hui à verser son annuité de 30 francs devra attendre quarante ans, pour jouir à soixante ans de sa rente de 345 francs.

De tels délais sont inadmissibles dans une loi sociale. Ils provoqueraient chez les intéressés, qui comptent sur des résultats immédiats, des déceptions et des colères. On l'a bien vu, à propos de la loi du 21 juin 1894 sur les retraites des mineurs. Comme elle repose sur la capitalisation, elle n'a procuré que des pensions dérisoires de quelques francs aux mineurs âgés, pour lesquels le système n'avait pas eu le temps d'agir. Aussi le Parlement vote-t-il tous les ans un million pour majorer les pensions de cette catégorie.

En un mot, il est, au point de vue parlementaire, presque impossible de compter sur le vote d'une loi d'assurance sociale qui serait établie avec le système de la capitalisation, à moins de la tempérer par une forte dose de « répartition » sous le nom de « mesures transitoires ».

La seconde difficulté n'est plus de l'ordre politique et parlementaire, mais de l'ordre financier, et tient à la gestion des énormes capitaux, accumulés par la capitalisation.

« Après dix ans, dit le rapport de M. Guieysse sur le projet de loi des retraites ouvrières, il aura fallu, défalcation faite des dépenses légales, faire emploi de 3 milliards 360 millions; après vingt ans, de 7 milliards 212 millions; après trente ans, commencement de la période normale, de plus de 10 milliards ; enfin, en période constante le capital représentatif de la valeur des pensions de diverses natures ne s'élèvera pas à moins de 20 milliards. »

En Allemagne, l'ensemble des capitaux amassés dans les caisses de retraite s'élevait, à la fin de 1902, à 1 milliard de marks (1.250.000 francs.) Ces capitaux sont placés en emprunts de l'Empire, des États, des communes, en hypothèques, et, jusqu'à concurrence d'un tiers environ, en services philanthropiques et sanitaires (150 millions de marks), en habitations ouvrières (120 millions de marks)...

Tout en reconnaissant les avantages de ces derniers placements, qui portent le nom de « placements sociaux », des financiers chagrins éprouvent quelques inquiétudes sur leur revenu, notamment en ce qui concerne les hôpitaux, les sanatoria, les maisons de convalescence et redoutent, pour l'équilibre des caisses, les entraînements humanitaires auxquels la disponibilité de ces capitaux donne de si larges facilités.

Il ne s'agit en Allemagne, jusqu'ici, que d'un milliard de marks, tandis que nous entrevoyons en France 3 milliards de francs dans dix ans et 20 milliards en période constante. On sait déjà les embarras que cause la gestion des 4 milliards de nos caisses d'épargne et les vaillantes campagnes entreprises par M. Rostand pour en obtenir la décentralisation et le libre emploi. Dans quelle proportion ces embarras ne seraient-ils pas accrus, le jour où l'on serait aux prises avec ces encaisses, dont on suppute d'avance l'énormité ?

Pour faciliter les placements, la commission de la Chambre demande qu'ils puissent avoir lieu, jusqu'à concurrence du cinquième, en valeurs industrielles ; mais cette disposition du projet est combattue par le ministre des finances qui « réclame le placement de la totalité des fonds en « valeurs d'État ou en valeurs équivalentes. »

Ce serait là, — au dire de financiers fort experts, et en particulier de M. Alfred Neymarck, dont chacun connaît la compétence en ces matières, — une opération périlleuse. « Ces valeurs d'État et valeurs équivalentes » sont limitées. On ne pourra se les procurer pour le placement des 300 millions annuels provenant des ouvriers et des patrons, qu'en provoquant sur ces titres une hausse toujours croissante avec leur raréfaction, c'est-à-dire en déchaînant une crise du taux de l'intérêt, qui renverserait les calculs sur lesquels on aurait fait reposer l'équilibre de « la Caisse nationale des retraites ouvrières ».

Ce sont là, on le voit, des objections graves à l'encontre de la capitalisation. La répartition y échappe : d'abord, elle donne une satisfaction immédiate à tous les intéressés, qui obtiennent une pension dès le lendemain du vote de la loi, quel que soit leur âge et alors même qu'ils n'auraient jamais, au cours de leur vie, fait acte de prévoyance ; ensuite, elle n'exige aucune constitution de capitaux et, par conséquent, supprime tout embarras de gestion d'une caisse vidée aussitôt que remplie.

Faut-il donc écarter la capitalisation et adopter la répartition ? Que l'on s'en garde bien, si l'on ne veut tomber de Charybde en Scylla !

En effet, par cela même que la répartition sert des rentes à ceux qui ne les ont pas conquises par des sacrifices antérieurs, il est clair qu'elle doit imposer la charge de ces rentes aux jeunes générations, qui auront à porter le poids du système. La répartition sacrifie l'avenir au présent et surtout au passé.

Pour comprendre cette répercussion, supposons qu'une loi soit votée, disposant que, dès le lendemain de sa promulgation, tout Français et toute Française âgés de plus de 60 ans, quelles que soient leurs ressources, recevront une retraite de 360 francs par an, et que le service de cette retraite sera assuré par un impôt spécial réparti sur tous les Français et Françaises, compris entre 20 et 60 ans.

Le nombre des personnes âgées de plus de 60 ans étant de 4.700.485, le service de leur retraite exigera une annuité de 1.692.174.600 francs, qui, répartie entre les 19 millions 550.125 contribuables, compris entre 20 et 60 ans, représentera par tête un impôt moyen annuel de 86 fr. 56.

Tous les jeunes gens entrant dans cet engrenage à 20 ans — et au bout de quelque temps, ils y entreront tous à cet âge, — auront donc à opérer, entre 20 et 60 ans, quarante versements annuels de 86 fr. 56 pour se créer une retraite de 360 francs. Or, aujourd'hui, l'acquisition de la même retraite, dans les mêmes conditions d'âge initial ne leur coûterait que 31 fr. 22.

Le système de la répartition leur infligerait donc une cotisation supplémentaire de 86 fr. 56 — 31 fr. 22 = 55 fr. 34 en pure perte, ou réduirait à 360 francs une pension que, sans les liens qui les enserrent, les versements de 86 fr. 56 par an auraient portée à 998 fr. 10.

En chiffres ronds, on peut dire que par la répartition la cotisation est environ triplée pour la même retraite, ou la retraite, réduite au tiers pour la même cotisation.

Cet effet s'explique sans peine et tient précisément à la charge de ces retraites bénévoles, en faveur des vieillards dont les jeunes gens doivent expier chèrement l'imprévoyance. Allouer gratuitement une pension de 360 francs à un homme âgé de 60 ans, c'est lui faire cadeau d'un capital d'environ 4000 francs. S'il a 75 ans, le cadeau est réduit à 2000 francs, puisque sa vie probable est plus courte.

De même, un homme de 50 ans, auquel on promet une retraite de 360 francs à 60 ans, en ne lui demandant en échange qu'un versement annuel de 86 fr. 56 pendant dix ans, reçoit en réalité une libéralité de 2448 francs (1). Cette libéralité diminue progressivement jusqu'à disparaître à l'âge de 35 ans, où l'équilibre est établi entre la retraite de 360 francs et la cotisation annuelle de 86 fr. 56.

En résumé, toutes les promotions de la population au-dessus de 35 ans ont le bénéfice de la répartition, tandis que les charges en sont supportées par les promotions comprises entre 20 et 35 ans.

Lorsqu'on fait le calcul mathématique de ces charges, en multipliant l'effectif de chaque promotion par la libéralité dont elle profite, on arrive à un capital de 32 milliards, dont l'intérêt annuel est de 1 milliard environ.

La loi hypothétique, dont nous analysons les conséquences, aurait ainsi doublé brusquement la dette nationale et sa charge à l'égard de nos budgets annuels.

C'est précisément ce milliard supplémentaire à payer annuellement par les contribuables pour racheter l'imprévoyance de leurs devanciers, qui représente 52 francs par tête, c'est-à-dire environ l'écart entre la cotisation future et la cotisation actuelle pour obtenir la même retraite.

Il y a là un boulet, que traîneront non seulement les générations actuelles, mais qui, comme le péché originel, pèserait sur les générations futures, à jamais et dans la suite infinie des temps.

Pour rentrer dans une hypothèse, dont les données échapperont à tout reproche d'exagération, admettons simple-

---
(1) Ce chiffre n'est autre que « la prime unique d'une rente de 360 francs par an différée à 60 ans. »

ment que l'État accorde au moment de la liquidation de chaque retraite, c'est-à-dire sous le régime de la Répartition, une majoration de 60 francs (en Allemagne elle est de 50 marks ou de 62 fr. 50), et que le nombre des pensionnés soit, en période normale de 2.218.000, comme le suppose le rapporteur du projet de loi des retraites ouvrières, la charge annuelle sera de 133 millions, ce qui, au taux de 3 0/0, correspond à une émission de rentes perpétuelles de 4 milliards 1/2.

En somme, placé entre la Capitalisation et la Répartition, on a le choix entre deux abus financiers. Du moment où cette périlleuse alternative est une des fatalités de l'obligation, il y a là un nouveau motif pour s'en tenir à l'initiative privée.

d). — *Danger de l'obligation pour les ouvriers.*

L'obligation encourt encore d'autres reproches, si on l'envisage au point de vue du tort qu'elle fait aux ouvriers, en s'emparant de leur épargne pour lui donner de force une affectation déterminée.

Le projet des retraites ouvrières, en effet, leur impose la prévoyance — comme si l'on pouvait imposer par la loi une vertu — et il l'impose sous une forme unique. S'il était voté, il ne leur serait plus loisible — comme ils le font aujourd'hui — de pratiquer le genre d'épargne qui leur convient. Or l'épargne jouit d'une grande souplesse et c'est un merveilleux spectacle que celui de la richesse de ses combinaisons, parmi lesquelles chacun de nous choisit, comme nous l'avons déjà dit, celle qui s'adapte le mieux à ses goûts, à ses convenances, à son idéal particulier.

Celui-ci, par exemple, consacrera ses efforts à l'acquisition de son foyer domestique et donnera ainsi à sa vieillesse une sécurité au moins égale à celle que lui procurerait un livret à la caisse nationale de retraites. Il en sera de même pour ce paysan qui arrondit ses terres et arrive, à force de privations, à posséder un petit domaine ; pour cet ouvrier qui s'établit et ouvre un atelier dont il sera le patron; pour cet autre enfin, qui élève une nombreuse famille et obtient la quiétude de ses vieux jours par la piété filiale de ses enfants. Tout ne tient donc pas dans la formule sacramentelle d'une pension qu'on touche à un guichet officiel: la vie est plus souple, plus chaude que cette froide et uniforme réglementation administrative qui comprime, si même elle ne l'ampute, tout ce qui dépasse son monotone alignement. C'est grâce à la liberté actuelle de l'épargne, que se fait ce brassage énergique des couches qui entraîne la chute des indolents et des incapables, mais assure l'émergence des êtres bien armés pour la vie.

Si l'État prend violemment parti pour une forme de l'épargne, tout le monde sera tenu à l'avenir de s'hypnotiser dans la conquête d'une pension viagère de vieillesse et de sacrifier à cette préoccupation toutes les autres. La loi, en dirigeant de force une partie de l'épargne populaire vers cet emploi spécial, tarira les sources qui alimentent aujourd'hui par mille canaux invisibles les caisses d'épargne, les sociétés d'habitations économiques, celles de secours mutuels,.... A la place de ces mille petits ruisseaux sinueux, qui, dirigés et utilisés à leur gré par les riverains, portent la fécondité sur tous les points du territoire, il ne restera plus qu'un grand canal rectiligne, administré par l'État, artificiellement enrichi par l'asséchement de ce réseau hydraulique à mailles serrées, et, par la violence torrentielle de ses eaux, menaçant ses rives au lieu de les féconder.

Cette intervention légale au profit d'un certain mode de prévoyance produira ainsi une rupture d'équilibre, qui fera sentir sa répercussion jusque dans l'intimité des plus modestes budgets domestiques et frappera d'anémie partielle ces belles manifestations de l'initiative privée, qui sont un des traits les plus honorables de notre temps.

J'insiste sur ce double effet, celui que subira l'individu et celui qui atteindra les institutions de prévoyance, notamment la mutualité.

En ce qui concerne l'ouvrier, le paysan, le travailleur manuel en un mot, la transition du salariat au patronat est aujourd'hui graduelle et insensible ; désormais l'obligation se dresserait entre ces deux situations comme un mur à franchir. Elle a besoin, pour son assiette, d'une démarcation tranchée entre les classes d'employeurs et d'employés et, par son fonctionnement même, elle y pousse efficacement. Elle apparaît donc comme une force régressive, qui remonte le cours des âges, pour nous ramener à un compartimentage social, dont on devait croire les cloisons étanches à jamais abolies.

Comment s'opère, en effet, l'ascension de l'ouvrier, si ce n'est par l'emploi libre de son épargne, qui lui permet de devenir propriétaire de sa maison, de son domaine rural, de son atelier ? Combien cette ascension ne va-t-elle pas devenir plus difficile, quand l'État commencera par prélever sur l'épargne populaire des centaines de millions pour les consacrer à la retraite ? Son intervention repose sur ce postulatum que le citoyen, livré à lui-même, est incapable de prévoyance, qu'il faut le mettre en tutelle, être sage et prévoyant pour lui et cette présomption gratuite de déchéance morale se trouve entraîner, en fait, une déchéance sociale et rétablir l'imperméabilité des classes. Privé du libre emploi de son épargne, c'est-à-dire du levier qui lui permettait de s'élever sur l'échelle sociale, l'ouvrier aura devant lui, comme objectif suprême de sa destinée, une retraite pour ses vieux jours, s'il vit jusque-là ; mais ce sont là des horizons bien étroits à la place de ceux qu'il peut envisager aujourd'hui, d'après l'exemple de tous les « parvenus » qu'il coudoie. Sauf pour les individualités particulièrement énergiques et servies par les circonstances, on aura rétabli à l'égard des ouvriers la caste et scellé sur eux la pierre du salariat.

IV. — L'obligation et les irréductibles de la prévoyance.

Les griefs que nous venons d'articuler contre l'obligation nous semblent de nature à faire hésiter avant de se jeter dans ses bras, et réduire à une seule note ce merveilleux clavier de la prévoyance, dont chaque père de famille peut aujourd'hui jouer à son gré.

Mais, nous objectent les amis de l'obligation, vous parlez bien à l'aise de ce clavier, comme si chacun pouvait en manier les touches. La réalité est autre : en dehors d'une élite privilégiée, il reste des couches profondes, absolument réfractaires à la prévoyance, qu'elles n'ont pas voulu, su ou pu exercer. C'est précisément cette armée d'irréductibles qu'il faut viser et atteindre par l'obligation, puisque la liberté est impuissante vis-à-vis d'eux.

Quel est l'effectif de cette armée ? Nul ne saurait le dire exactement. En tous cas, il n'est pas immuable, et l'on est en droit d'affirmer que, sans qu'on ait besoin d'aller jusqu'à l'obligation, il peut être entamé par l'action combinée des lois et des mœurs. Nous le voyons bien en Belgique, où la loi du 10 mai 1900 sur les retraites ouvrières, basée sur l'intervention de la mutualité libre, a obtenu de magnifiques résultats.

Chez nous-mêmes, malgré les restrictions de la législation de 1852, la mutualité a pris un remarquable essor. Notre pays est parfois lent à se mettre en mouvement ; mais, quand il est ébranlé, il marche ou plutôt il bondit et devance bientôt ceux qui l'avaient précédé. En matière sociale, comme pour tout le reste, on peut et l'on doit compter sur le généreux élan de notre race, sur « *la furia francese* ».

Ce tuf, qu'on prétend impénétrable à la prévoyance, est donc en réalité rongé par les progrès de la mutualité, plus sûrement encore que les Alpes ne l'étaient, d'après la légende antique, par « le vinaigre d'Annibal ». Mais je veux bien concéder que, d'ici à quelques années du moins, il sera difficile d'enrégimenter tout le monde dans les rangs de la prévoyance libre et qu'il restera encore un certain noyau de ces irréductibles.

Est-ce donc sur cette minorité qu'il faudra prendre la mesure de la loi à intervenir ? Va-t-on baisser le niveau général pour ne pas dépasser la taille des nains ? Ce serait là un étalon humiliant pour la nation. Une loi de prévoyance doit être confectionnée sur le patron des gens vigoureux et debout, mais non sur celui des impotents qui se courbent ou se traînent. Qu'on organise en faveur de ces derniers l'assistance, qui devra suppléer à leur imprévoyance ou à leurs défaillances organiques ; mais, après avoir rempli vis-à-vis d'eux ce devoir de charité, ou, si l'on préfère mot le plus en faveur aujourd'hui, de « solidarité », que l'on adapte les lois de prévoyance aux prévoyants. Les règlements militaires ne sont pas faits pour les éclopés et les dispensés, mais pour les soldats valides, qui sont la véritable armée. Il faut relever et non abaisser l'idéal, s'appuyer sur les vertus qui font les peuples forts et non encourager les infirmités morales, qui les destituent de toute initiative et par suite de toute vigueur.

V. — La loi d'assistance aux vieillards.

La clientèle des vieillards indigents est digne d'un grand intérêt ; mais, je ne saurais trop insister : elle doit avoir un traitement à part et l'on ne saurait, sans de graves inconvénients, confondre l'assistance et la prévoyance.

L'assistance, c'est le secours à l'homme tombé. On comprend bien que, là où la famille se dérobe et où l'individu est hors d'état de se suffire, la société ou la bienfaisance privée interviennent et tendent la main au malheureux pour l'aider à se relever, si sa déchéance n'est pas irrémédiable, pour le mettre à l'abri du besoin jusqu'à la fin de sa vie, s'il est atteint par la vieillesse ou par d'incurables infirmités. Mais cette assistance veut être maniée avec prudence et discrétion, sous peine d'aller contre son but et de développer la misère en brisant, non seulement le ressort moral des assistés, mais encore celui de la nation elle-même.

Tout autre est la prévoyance : elle tend ce ressort au lieu de l'énerver ; elle relève au lieu de déprimer ; elle soutient celui qui chancelle et prévient sa chute ; elle l'associe aux efforts qui assurent la sécurité de son avenir.

Le devoir impérieux de l'État, — je dirais même son devoir sacré — c'est de développer la prévoyance, d'étendre son domaine aux dépens de celui de l'assistance. Son idéal — hélas encore bien lointain ! — serait de tuer l'assistance par la prévoyance. Tout ce qui tend à ce but est bon ; tout ce qui en éloigne est mauvais.

Il faut donc se garder soigneusement de mêler ensemble prévoyants et assistés dans une sorte de promiscuité légale, de faciliter et d'ennoblir à ce point les accès de l'assistance que les gens debout n'hésitent plus à l'exiger comme un droit civique qu'on exerce, ou comme une dette dont on peut poursuivre le paiement devant les tribunaux. A partir de ce moment, les cadres de l'assistance seront élargis au delà de toute prévision. L'individu, armé de son droit, laissera s'affaiblir sa résistance aux entraînements, et sommeiller, pour s'éteindre dans l'inaction, sa vertu actuelle d'épargne. Le prévoyant d'aujourd'hui sera l'assisté de demain. L'on aura porté un coup funeste à la bienfaisance privée, qui supprimera ou réduira ses sacrifices, puisqu'elle les subira sous forme d'impôt et puisqu'elle sera désormais rassurée sur le sort de ses assistés. Privé de ce secours, et seul aux prises avec ces charges toujours croissantes, l'État se débattra contre de redoutables responsabilités financières, dont l'histoire de la taxe des pauvres en Angleterre suffit à démontrer toute la gravité; enfin, et surtout, en dilatant le champ de l'assistance au préjudice de celui de la prévoyance, on aura fait un pas en arrière et profondément atteint le caractère, l'énergie, l'âme même de la nation.

« Prévoir pour les imprévoyants, a dit M. Rostand, et prétendre à conserver des prévoyants, là est l'illusion généreuse, mais l'erreur viscérale. Il y a antinomie de fond et irréductible » (1).

---

(1) *Journal des Débats*, 15 novembre 1904.

Il est donc nécessaire de différencier les solutions légales pour les assistés et les prévoyants c'est-à-dire de réserver à chaque catégorie le traitement qui lui convient. Leur juxtaposition dans une même loi menace de troubler la netteté de la vision du législateur et de le pousser à la péréquation par en bas. Au contraire, du moment où il a pourvu aux besoins des vieillards indigents par des mesures d'assistance soigneusement combinées, il échappe à cette obsession de la clientèle indigente, pour laquelle on ne peut songer à la liberté et qui ne relève que de l'obligation, puisque son ressort est brisé. Il n'a plus affaire qu'à ces prévoyants, qui sont la force de la nation et qui, au lieu de recevoir passivement une retraite mécanique, sont mûrs pour les combinaisons où entrent en jeu l'effort personnel et la solidarité librement acceptée.

La loi d'assistance aux vieillards dissipe donc les brouillards qui obscurcissent la question des retraites et permet d'aborder avec sang-froid le problème des retraites ouvrières, qui cesse d'être un problème d'assistance, pour devenir — ce qu'il doit être en effet — un problème d'assurance et de prévoyance.

Et c'est pourquoi — avec un grand sens politique et social — l'honorable M. Sébline a pu s'écrier devant le Sénat, après le vote des premiers articles de la loi d'assistance aux vieillards : « Vous venez d'enterrer l'obligation pour les retraites (1). »

Si nous souhaitons que ce mot soit prophétique, nous entendons expressément borner ce souhait à l'obligation. Il ne s'agit, nullement, en effet, d'enterrer la loi, mais de lui donner de solides fondements, en faisant reposer l'organisation des retraites sur une force libre qui a fait ses preuves, sur la mutualité.

Qu'on n'accuse donc pas les adversaires de l'obligation d'aboutir à une négation pure et simple. Ils ont leur solution très nette et très pratique, qu'ils opposent à la solu-

---

(1) La loi d'assistance aux vieillards a été promulguée le 14 juillet 1905 pour entrer en vigueur le 1ᵉʳ janvier 1907.

tion étatiste, et c'est cette solution libérale, mutualiste, dont il nous reste maintenant à esquisser les grandes lignes.

VI. — Le rôle de l'État et de l'association libre.

Il importe, d'abord, pour prévenir tout malentendu, de préciser les rôles respectifs de l'association libre et de l'État. Faut-il les heurter l'une contre l'autre et les mettre aux prises, dans une sorte de duel à mort entre deux adversaires implacables, qui ne sauraient subsister en même temps ?

Pour ma part, je me refuse à poser la question avec une telle intransigeance et à soutenir qu'il n'y a pas de place entre « le Tout à l'État » et le « Rien à l'État ». Il n'est pas un adorateur fanatique de l'État, qui ne comprenne la nécessité de recourir à l'initiative privée pour certains services, par exemple, ceux de bienfaisance ; pas plus qu'il n'est un économiste assez absolu pour refuser tout concours de l'État, par exemple, pour protéger ceux qui ne peuvent pas se défendre eux-mêmes, comme les enfants, et pour faire régner l'ordre dans la rue. Des deux côtés, on admet donc une certaine dose d'intervention de l'État ; mais là où cesse l'accord, c'est quand il s'agit de tracer la frontière qui sépare les interventions légitimes de celles qui ne le sont pas.

Difficile est la démarcation entre le concours de l'État et celui de l'initiative privée. L'on n'a trouvé jusqu'ici ni méthodes, ni instruments, ni géomètres, pour tracer cette frontière avec précision. Les penseurs les plus éminents s'y sont essayés et leur travail est sans cesse à refaire. Cette limite est, en effet, mobile et se déplace continuellement au gré de l'opinion publique et des mœurs. Il y a là une évolution dont les phases seraient curieuses à noter : certains règlements sont prématurés, d'autres sont démodés. On dirait des vêtements qu'il faut ajuster à la taille d'un enfant à mesure qu'il grandit, comme à ses goûts à mesure que son esprit se forme. A un moment donné, les mœurs sont plus ou moins rebelles ou favorables à certaines interventions : il en est qu'elles appellent ; d'autres, qu'elles repoussent. L'opinion publique a son éducation, ses engoûments, ses exigences, « son état d'âme », dont on ne saurait faire abstraction. Nous avons, par exemple aujourd'hui, en matière de protection des humbles, des petites gens, des enfants, des vieillards, des aliénés, des prévenus, des prisonniers, des idées que n'avaient pas nos pères et qui ont violemment déplacé la limite de ce qui semble permis à l'État et de ce qui lui est interdit.

Nous avons reculé le « *non licet !* » bien au delà de son ancienne définition. La loi, qu'on reléguait volontiers autrefois dans une sphère élevée, d'où elle planait sur les intérêts sans en troubler le libre jeu, a pris pied sur le sol et n'hésite plus à pénétrer dans l'atelier, en attendant qu'elle pénètre demain dans le foyer domestique, pour y régler minutieusement le sort des familles et des individus.

C'est bien là qu'est la véritable question qui se débat aujourd'hui entre les interventionnistes et les libéraux. « Simple question de nature et de dosage », disent les premiers pour en rapetisser l'importance et endormir leurs adversaires. Mais ce dosage lui-même peut être mortel ou vital, comme il l'est dans certaines préparations pharmaceutiques, de sorte que, même ainsi posée, la question reste capitale et justifie l'ardeur passionnée qu'on met, de part et d'autre, à l'agiter.

A mon avis, la première place revient à l'association, ou plutôt aux associations, car elles se présentent sous l'aspect d'un réseau qui nous enlace de toutes parts. Un même homme appartient à plusieurs d'entre elles, qui décrivent autour de lui des cercles concentriques de plus en plus grands, comme ces rides circulaires que trace à la surface de l'eau une pierre jetée au centre d'un bassin.

La première, la plus forte, la plus douce et la plus belle de toutes est la famille, qui groupe, dans une étroite et forte union, le père, la mère et les enfants. Autour de cette première association naturelle s'en étagent de plus vastes, avec des orbites de plus en plus étendus : l'atelier, le métier, le culte, la commune, la province, la patrie. Entre ces grandes associations primordiales s'en intercalent une foule d'autres, dont nous sommes tour à tour membres, fournisseurs, clients, débiteurs ou créanciers. L'association se mêle à tous nos actes: elle est comme l'air que nous respirons et dans lequel nous nous mouvons.

Chacune de ces associations libres a son rôle et son domaine particulier, qu'il importe de défendre contre les empiétements de l'État. Si l'on applique à la division du travail entre les divers organes sociaux « le principe de la moindre action » qui régit le jeu des forces en mécanique, on est autorisé à soutenir que, pour l'accomplissement d'un service déterminé, il convient de recourir à l'organe élémentaire, qui lui est exactement adapté, et qu'on ne doit faire appel à un organe supérieur, que lorsqu'on sera convaincu que celui qui le précède immédiatement dans la hiérarchie des associations, est insuffisant pour cette tâche.

On commencera donc par s'adresser à la famille ; puis, si elle se récuse ou se dérobe, aux groupements professionnels, aux associations de prévoyance. C'est seulement dans le cas avéré de leur impuissance ou de leur abdication, qu'on frappera à la porte de la commune, puis à celle de la province ; enfin, comme *ultima ratio*, à celle de l'État, pour ces services publics, tels que la justice, la défense du territoire, la diplomatie..., qui échappent décidément aux prises de l'individu et de l'association.

Avant donc de se résigner à implorer l'État, il faut se demander si l'un des cercles plus ou moins étendus de l'association libre ne peut pas suffire au résultat qu'on poursuit. Presque toujours, on s'apercevra que, si telle société est impuissante pour accomplir une tâche, on peut la confier avec succès à l'union de sociétés analogues, ou à la fédération de ces unions, c'est-à-dire, en dernière analyse, qu'il est possible de faire avantageusement l'économie de ce recours à l'État.

Pour se passer de cet appui extérieur, le citoyen a besoin

de tremper son caractère, de forger son énergie et, non seulement de conquérir la liberté, mais encore de savoir en tirer parti et s'en rendre digne.

Jean-Jacques Rousseau l'a dit excellemment : « C'est ôter toute moralité aux actions de l'homme que d'ôter toute liberté à sa volonté ! » La tutelle de l'État démoralise, en effet, ceux qu'elle protège, enlève tout ressort à leur vie, les engourdit et les transforme en assistés, comptant, non sur eux-mêmes, mais sur lui et prêts à subir toutes les servitudes d'une coûteuse et tracassière bureaucratie, pourvu qu'on les dispense de penser, de prévoir et d'agir.

Au lieu de comprimer ainsi les libres initiatives de la prévoyance, l'État a le devoir de les provoquer et de les encourager, de manière à restreindre, comme on l'a dit plus haut, le champ de l'assistance. Il doit ne se résigner à l'action directe qu'à contre-cœur, quand il s'agit d'un grand intérêt public, qui, sans lui, resterait en souffrance, et pour suppléer momentanément à la torpeur ou à l'impuissance démontrées de l'initiative privée : mais, même dans ce cas, il s'efforcera de promouvoir cette initiative et de la guider, loin de l'entraver et de la supplanter ; il se donnera pour tâche de se rendre inutile, de renoncer à son intervention, dès qu'elle ne sera plus indispensable, en un mot, de se borner à veiller de haut sur les services accomplis librement par les associations de tous les degrés.

VII. — La liberté dans l'obligation et la liberté subsidiée.

Pour appliquer à la question des retraites les principes qui viennent d'être exposés et qui sont ceux des grands libéraux, les Tocqueville, les Léon Say, les Jules Simon, — pour ne citer que des morts —, nous avons à nous demander s'il existe une association libre qui puisse assurer ce service. Aussitôt la Mutalité se présente et déclare qu'elle est prête à en assumer la responsabilité. A l'appui de cette ambition, elle allègue ses progrès rapides et sa forte organisation, qui lui permet aujourd'hui d'aborder sans témérité les plus lourdes tâches, pourvu qu'elle y soit aidée par l'État.

Les partisans de l'obligation accueillaient avec un médiocre empressement ces ouvertures au début et répondaient qu'ils voyaient bien « des mutualistes, mais non la mutualité ». Depuis lors, en présence de cette force croissante, qui compte ses adhérents par millions, qui plonge ses racines de plus en plus profondément dans le pays et qui s'appuie sur de puissants groupes parlementaires, à la Chambre et au Sénat, l'attitude s'est modifiée ; un rapprochement est en train de s'accomplir entre les étatistes et les mutualistes. Le projet de loi actuel admet donc que les retraites ouvrières pourront être assurées par les Sociétés de secours mutuels au même titre que par la Caisse nationale, à la condition que ces sociétés soient préalablement agréées par décret rendu sur la proposition du Ministre du Commerce, après avis du Ministre de l'Intérieur « lorsqu'il existe, dit l'article 25, des sociétés ainsi agréées dans le canton où sont payables les salaires, le patron est tenu de verser à ces sociétés le prélèvement sur le salaire des ouvriers et sa contribution égale, pour tous ceux de ses ouvriers qui en font la demande en désignant la société à laquelle ils sont affiliés. » En outre, pour laisser vivre dans les sociétés de secours mutuels, le service de la maladie à côté de celui des retraites, les ouvriers ont le droit d'y consacrer une portion de leur versement personnel, qui n'en dépasse pas la moitié, (soit, par exemple, pour un salaire de 1000 francs, une somme de 10 francs).

Ce sont là, certes, de précieuses concessions et dont la mutualité doit être reconnaissante aux rédacteurs du projet; mais sont-elles suffisantes pour dissiper ses inquiétudes, il est difficile de l'admettre.

Cette combinaison de la mutualité libre et de l'assurance obligatoire s'inspire d'une devise, qui fait aujourd'hui fortune : « la liberté dans l'obligation », ou encore « la liberté des moyens et l'obligation du résultat ».

On s'explique le succès de cette formule éclectique, qui a des sourires pour toutes les écoles, qui montre à l'école libérale la liberté et à l'école autoritaire l'obligation. Mais il n'est pas facile, comme le dit Herbert Spencer, « de « combiner dans un même organisme deux structures « opposées » ou de faire pivoter un corps autour de deux axes divergents. Ces deux principes devront entrer fatalement en antagonisme et, dans ce cas, l'issue de la lutte n'est pas douteuse : c'est la liberté qui sera étouffée par l'obligation (1).

Pour ne citer qu'une des difficultés de la conciliation qu'on recherche, la mutualité, on l'a vu, serait appelée à recevoir les versements obligatoires des patrons, c'est-à-dire à collecter une sorte d'impôt. Comment, dès lors, sera-t-il possible de la soustraire aux formalités d'inspection, de cautionnement, de responsabilité, qui pèsent sur les comptables et détenteurs de deniers publics ? Admise dans l'obligation comme un de ses engrenages, elle sera tenue de donner des résultats « équivalents » à ceux des rouages officiels et d'être constamment en mesure de justifier cette équivalence aux yeux de l'administration. Surveillée, inspectée, encadrée dans le formalisme bureaucratique, la mutualité subirait une transformation profonde, qui ne tarderait pas à en faire un simple organe administratif.

Ce n'est pas à dire, nous le répétons, que l'État ne doive avoir son rôle, et un rôle important dans le régime des retraites ; mais ce rôle, à mon sens, doit être subordonné à celui de l'association libre et se réduire à des encouragements et à des subventions.

La liberté dans l'obligation est certainement une atténuation de l'obligation toute nue, sous la forme du régime d'État. Mais, malgré la sincérité de ses efforts pour respec-

---

(1) Dans son dernier Rapport sur le projet de loi des retraites ouvrières, M. Guieysse, tout en commentant avec sympathie les progrès de la mutualité et le concours que la loi attend d'elle, lui refuse l'ambition « d'absorber les services publics et de généraliser à tous les citoyens ses solutions partielles », et il conclut par ces déclarations peu rassurantes : « On oublie trop que *la mutualité*, telle que la pratiquent les sociétés de secours mutuels, *ne saurait se concilier avec un principe d'obligation. Il y a antinomie entre les idées qui s'y rattachent.* »

ter, en les encadrant, les institutions libres, elle ne pourra tenir les promesses de son programme, qu'à la condition improbable de perdre ses attributs essentiels et de se confondre avec la liberté.

En un mot, à la formule : « la liberté dans l'obligation », il est plus prudent, pour sauver la mutualité, de substituer celle de « la liberté subsidiée », dont on fait honneur à la Belgique, parce qu'elle a inspiré sa belle loi du 10 mai 1900 sur les retraites ouvrières, mais dont la France pourrait, à juste titre, revendiquer la priorité.

En 1895, Burdeau, alors Ministre des Finances, avait proposé de faire aider par l'État les sociétés de secours mutuels, pour leur confier le service des retraites ouvrières.

Un bon juge, dont le libéralisme ne saurait être suspect, Léon Say, admettait dans cette mesure l'intervention de l'État : « M. Burdeau, disait-il, a préparé une évolution magistrale en cette matière. Comme il ne veut pas briser le ressort de l'initiative humaine et qu'il considère que l'État ne doit aider que ceux qui consentent à s'aider eux-mêmes, il a fait de la participation aux Sociétés de secours mutuels et de retraite le point de départ et la base de l'intervention de l'État et il ne concède de pension qu'à titre de supplément et à ceux-là mêmes qui ont fait des efforts persistants en vue de se préparer des ressources pour leur vieillesse. » — « C'est, concluait Léon Say, ce que les géomètres pourraient appeler une *solution élégante*, c'est ce que nous appellerons la vraie solution morale d'un des problèmes financiers les plus difficiles de notre temps. »

C'est le système de Burdeau, et celui de la loi belge qui nous paraît, comme à Léon Say, « la solution élégante » du problème. De même que le projet soumis aux Chambres, il repose sur le concours de l'État et de la mutualité; mais il renverse la hiérarchie des deux facteurs. Tandis que le projet de loi fait de l'État le grand moteur, le système belge abandonne ce rôle à la mutualité libre. Simple question de préséance, dira-t-on ; mais, comme celle du dosage dont nous parlions plus haut, elle est capitale et peut exercer une influence décisive sur les destinées de la mutualité et du pays tout entier.

VIII. — Évolution de la mutualité.

En dépit du Décret de 1852 plein de restrictions et de défiances, la mutualité avait pris de remarquables développements ; mais c'est depuis que la loi du 5 avril 1898 l'a mise en possession de « sa charte d'affranchissement », qu'elle a vu s'ouvrir devant elle un champ très vaste et que ses progrès ont pris un essor considérable. Ses détracteurs la comparaient ironiquement à « un tombereau de sable » ; mais, grâce à ses groupements locaux couronnés par la fédération nationale, ces grains de sable, que le vent pouvait soulever et disperser à son gré, se sont soudés et agrégés par le ciment de l'union, de façon à former un granit compact et résistant, capable de fournir un fondement solide aux plus imposantes constructions.

La mesure de la puissance mutualiste nous est donnée par la loi belge du 10 mars 1900, à laquelle nous avons déjà fait plusieurs fois allusion et qui a recouru, pour canaliser les retraites, à la mutualité libre avec de larges subsides de l'État.

En quatre ans, le nombre des Sociétés de secours mutuels versant pour leurs membres à la caisse générale d'épargne et de retraite est passé de 1628 à 4151 ; celui des nouveaux comptes ouverts à cette caisse s'est accru de 475.565. Or, d'après le dernier recensement de 1900, la population belge est de 6.693.548 habitants, c'est-à-dire environ le sixième de la population française.

Ce que les Belges ont fait, nous devons savoir le faire, à la condition de nous inspirer de leur exemple et d'imiter l'ardeur qu'ils ont apportée dans l'application de leur loi de retraites.

Si la mutualité a réalisé les progrès que je rappelais il y a un instant et dont elle a le droit d'être justement fière, il lui en reste à faire de plus grands encore, notamment du côté des campagnes qu'elle a entamées à peine jusqu'ici. Sur nos 36.000 communes, il y en a peut-être 20.000 à 25.000, qui sont encore dépourvues de toute institution mutualiste. C'est là un immense domaine, en partie vierge, et qu'il s'agit de mettre en valeur.

À côté de cette mutualité rurale à développer, sinon même à créer, nous avons à installer partout la mutualité maternelle qui, par les secours et les soins donnés à la mère en couches et à son nourrisson, sauvera cette graine précieuse, sur laquelle nous devons veiller avec d'autant plus de sollicitude qu'elle est, hélas ! plus rare.

La mutualité scolaire, avec son rapide essor, nous recrute pour l'avenir des légions de mutualistes.

La mutualité familiale, dont l'unité est la famille et non plus l'individu, associe d'une façon étroite la femme à une organisation, dont elle supporte aujourd'hui les charges, sans participer à ses bienfaits. Pour compléter cet acte de prudence et de justice, il faut, outre la retraite viagère et égoïste, que le père emporte avec lui dans la tombe sans en rien laisser aux membres survivants de sa famille, il faut, dis-je, organiser au profit de la veuve et des orphelins une réversibilité de pension et une assurance en cas de décès (1).

En associant d'une façon intime la femme à l'œuvre mutualiste, on pourra demander et obtenir son concours pour réaliser cette évolution d'une portée considérable qui substituera, dans une large mesure, la prévention de la maladie à son traitement, c'est-à-dire l'hygiène et la prophylaxie aux ordonnances pharmaceutiques, pour le plus grand profit des familles et des finances mutualistes.

La réassurance, qui déjà fonctionne localement avec succès pour secourir les maladies chroniques, pourra se développer et se préciser, de manière à prendre les proportions d'un service d'assurance contre l'invalidité, sans les abus et les dangers inhérents à l'organisation d'un pareil service par l'État (2).

---

(1) Voir pour plus de détails, la *Mutualité familiale* et le *Rôle de la femme dans la mutualité* par M. E. Cheysson.

(2) Voir la vigoureuse étude faite sur cette question par M. Maurice Bel-

IX. — La mutualité patronale.

Dans cette organisation des retraites par la mutualité subsidiée, il est un concours qui ne doit pas être négligé, c'est celui du patron, sous la forme de mutualité patronale, sur laquelle je vais m'arrêter un moment, parce que cette institution est peu pratiquée en France et mériterait de l'être.

Les patrons ont un rôle important à jouer dans le problème des retraites. Du moment où leur participation financière aux charges de ce service est inévitable, mieux vaut, à tous égards, qu'elle soit spontanée que légale. C'est ce que leur disait en 1899 l'éminent Rapporteur de la loi belge, M. Nyssens. Il les engageait solennellement à profiter du répit qu'on allait leur laisser pour organiser les retraites par la liberté. « L'obligation vous guette », ajoutait-il, « et vous n'y échapperez pas, si vous négligez cet avertissement. »

Les patrons belges ont entendu cet appel et ils y ont répondu en contribuant à ce succès, dont on a vu tout à l'heure l'ampleur. Aux patrons français d'imiter cet exemple et de se mettre, eux aussi, résolument à l'œuvre.

Un certain nombre d'entre eux l'ont déjà fait; d'autres, en plus grand nombre, le feraient, s'ils n'étaient arrêtés par les menaces d'une loi prochaine, qui bouleverserait leur initiative.

La plupart des retraites patronales actuelles reposent : d'une part, sur l'obligation ; d'autre part, sur le livret individuel à la Caisse nationale des retraites. C'est le système de l'État, des Compagnies de chemins de fer et des grands établissements industriels.

On s'est emparé de cet exemple pour l'invoquer en faveur

---

lom : *l'assurance contre l'invalidité par les Sociétés de secours mutuels ou les retraites ouvrières par la liberté.*

Quant aux entraînements de l'assurance contre l'invalidité, consulter la remarquable brochure de M. Fuster, intitulée: *L'assurance obligatoire contre l'invalidité.*

de la retraite obligatoire. Comment, dit-on, repousser l'obligation par l'État, quand on l'applique couramment dans l'usine ?

La contradiction n'est qu'apparente. La retraite obligatoire étendue à tous, est imposée par la loi, tandis que celle de l'usine résulte d'un contrat de travail librement accepté. Or, avec le droit de grève et de syndicat, comment pourrait-on traiter d'illusoire cette liberté ?

Le système du livret obligatoire de retraite, tel qu'il est pratiqué dans la grande industrie et dans les services publics me semble donc à l'abri de tout reproche et produit en fait d'excellents résultats. Mais, tout en lui rendant hommage, on peut exprimer le regret qu'il se passe en écritures, qu'il soit froid, administratif, n'établisse aucun contact direct entre le capital et le travail, et n'ait qu'une médiocre vertu sociale.

Toute autre est la *Mutualité patronale*, que je verrais volontiers substituer au système généralement en vigueur.

Vivant côte à côte dans l'atelier, partageant les mêmes travaux, soumis à la même discipline, ayant les mêmes habitudes, les ouvriers d'une même usine sont tout naturellement préparés à se rapprocher dans un groupement mutualiste et à resserrer dans cette nouvelle affiliation les liens de leur famille industrielle.

Sous le nom de *Caisses de fabrique*, ces sociétés jouent un rôle important dans l'outillage social de l'Allemagne.

Tout patron qui emploie plus de cinquante ouvriers a le droit de fonder une Caisse de fabrique. Il peut y être obligé sur la demande, soit de la commune, soit de la caisse de maladies, à laquelle appartiennent ses ouvriers.

Si son entreprise comporte des risques particuliers de maladie, il peut être tenu d'instituer cette caisse, même s'il occupe moins de cinquante ouvriers.

Les Caisses de fabrique sont, en Allemagne, un rouage fort utile pour l'application de la loi des accidents, qui se décharge sur elles des menus accidents et des accidents graves pendant une période de treize semaines, dite *période de carence*. La loi des accidents n'a donc pas à s'occuper des égratignures, des foulures, des contusions qui sont si fréquentes dans l'industrie et ne s'accommode pas d'un lourd formalisme, inévitable quand il s'agit de pensions à longue échéance.

En outre, pour tous les accidents, graves ou non, ce qui importe avant tout, c'est que les blessés reçoivent les secours immédiats: or l'organisation du service des maladies s'y prête aisément.

En France, où n'existe pas l'assurance obligatoire contre la maladie, le législateur a essayé de tirer parti de la mutualité libre pour faciliter le jeu de la loi des accidents, et de jeter, par l'article 5 de cette loi, un pont entre elle et la loi du 1er avril 1898.

Cet article 5, on le sait, permet aux patrons de se décharger, pendant les 30, 60 ou 90 premiers jours à partir de l'accident, de l'obligation de payer aux victimes les frais de maladie ou l'indemnité temporaire qu'ils leur doivent, s'ils justifient qu'ils ont affilié leurs ouvriers, dans des conditions déterminées, à des Sociétés de secours mutuels.

Un arrêté du ministre de l'Intérieur, en date du 16 mai 1899, a rédigé les dispositions-types à insérer dans les statuts modèles des Sociétés de secours mutuels, qui se proposeraient de contracter avec les chefs d'entreprise, pour l'application de l'article 5 de la loi du 9 avril 1898.

L'instrument législatif et réglementaire existe donc en France : en fait, il ne reçoit nul emploi. L'industrie et la mutualité l'ignorent également, ou du moins, elles agissent comme si elles l'ignoraient.

Cette situation déjà regrettable peut le devenir beaucoup plus encore, si les projets de loi actuellement à l'étude pour l'extension de la loi des accidents aux *maladies professionnelles* doivent aboutir prochainement : ce qui paraît probable.

Les projets qu'on élabore reposent, en effet, sur une mutualité *obligatoire* qui embrasserait les ouvriers des industries assujetties. Il y a là une menace éventuelle ajoutée à toutes celles qui pèsent déjà sur la mutualité libre.

On diminuerait beaucoup ce danger, si les patrons avaient,

à la façon allemande, des Caisses de fabrique, qui donneraient à leur personnel des secours, dans le cas aussi bien de maladies ordinaires, que de maladies professionnelles et d'accidents pendant les 30, 60 ou 90 premiers jours.

En outre, ces Caisses de fabrique pourraient — ce qu'elles ne font pas en Allemagne — concourir au grand œuvre des retraites ouvrières, en combinant, pour la solution de ce grave problème, l'action patronale et l'action mutualiste, c'est-à-dire les deux facteurs libres, seuls capables de faire reculer l'obligation.

Enfin, elles auraient l'avantage de dissiper les défiances et les malentendus entre le capital et le travail, en rapprochant patrons et ouvriers dans une œuvre de solidarité sociale.

Quand on recherche les causes qui peuvent expliquer la rareté de nos Caisses de fabrique, on se demande si elle ne tient pas, au moins en partie, à la disposition légale, qui prescrit l'élection du Conseil en Assemblée générale. Quant au Bureau, il est élu, d'après les statuts, par l'Assemblée générale ou par le Conseil.

Certains patrons hésitent à briguer les suffrages, à s'exposer à des cabales, peut-être à un échec, qui affaibliraient la discipline dans l'atelier. La conséquence, c'est que ou bien ils ne constituent pas de sociétés de secours mutuels, ou ils liquident celles qui existaient, ou ils les laissent à l'état de groupements de fait, en dehors de la loi de 1898 et sans organisation définie.

La loi allemande a fait fléchir pour les caisses de fabrique le principe de l'élection. Le patron est obligé de payer un tiers de la cotisation totale, c'est-à-dire moitié de celle de ses ouvriers; de plus, c'est sous sa responsabilité et à ses frais, que sont tenus les comptes de la caisse; enfin, si les fonds d'une Caisse créée obligatoirement pour le cas de maladies professionnelles ne suffisent pas à couvrir les dépenses courantes, le patron doit faire les avances nécessaires. En échange de ces charges, la loi dispose que « les statuts peuvent conférer au chef d'entreprise ou à l'un de ses délégués la présidence du Comité-Directeur et de l'Assemblée générale. »

Les statuts-types prévoient que le Comité-Directeur se compose:

D'un délégué du patron comme président et du comptable qui est en même temps vice-président, tous deux nommés par le patron ;

De cinq assesseurs élus par l'assemblée générale, en l'absence de toute participation des délégués du patron(1).

On a senti récemment en France la nécessité de faire fléchir, devant les exigences de la discipline, le principe de l'élection.

Dans un article récent du journal le *Matin* (24 février 1903) M. Barberet, directeur de la Mutualité, rendait compte des travaux de la Commission interministérielle chargée d'étudier les moyens d'introduire la mutualité dans l'armée, et il exposait les conclusions auxquelles la Commission était arrivée pour l'organisation des sociétés mutualistes militaires.

L'une de ces conclusions est la suivante :

« Par dérogation à la loi de 1898 stipulant, à son article 3, que les membres du Conseil et du Bureau sont nommés au scrutin secret, et dans le but d'éviter toute atteinte à la discipline, le président et le trésorier des conseils d'administration des sociétés militaires mutualistes seront de droit le chef et le trésorier du corps.

« En outre, deux autres officiers seront également administrateurs. »

On a voulu de la sorte, dit M. Barberet, faire suppléer avec autorité le Président empêché et « donner, selon l'expression du Rapporteur, une impulsion régulière aux délibérations du Conseil ».

Pour permettre cette dérogation à la loi de 1898, l'intervention du législateur est nécessaire et va être bientôt demandée.

Les mêmes motifs se retrouvent pour justifier une déro-

---

(1) *Les lois d'assurance ouvrière à l'étranger*, par M. Maurice Bellom. I. *Assurance contre la maladie*, p. 405.

gation semblable en ce qui concerne la mutualité patronale. Ils se fortifient encore, comme on l'a vu, par l'avantage que ces sociétés présenteraient pour l'application de la loi des accidents, surtout après son extension probable aux maladies professionnelles, par leur contribution à l'organisation des retraites, enfin par les heureux effets qu'on peut s'en promettre pour la paix sociale.

Il y a donc lieu de souhaiter qu'à l'occasion de l'étude à laquelle on se livre actuellement sur la revision de la loi du 1er avril 1898, on examine s'il n'y aurait pas intérêt à s'inspirer des dispositions de la loi allemande pour développer la *Mutualité patronale*, en autorisant les patrons qui en feraient la demande, à se réserver une place dans le Conseil et le Bureau des Caisses de fabrique formées entre leurs ouvriers, à la condition que leur contribution soit au moins égale au tiers des cotisations statutaires pour les frais de secours en cas de maladie et les frais de gestion de ces Caisses (1).

X. — Rôle de l'État dans le système de la liberté subsidiée.

Après avoir indiqué d'un mot le rôle de l'initiative privée dans l'essor mutualiste, je serai bref sur celui de l'État. La mutualité peut d'ailleurs accepter sans embarras son aide, puisqu'elle lui en donne, l'équivalent et bien au delà, par les économies qu'elle lui procure sur l'assistance publique.

L'État continuera donc à intervenir par ses encouragements directs et indirects, sauf à en améliorer la modalité.

C'est notamment en ce qui concerne le taux de faveur de 4 1/2 0/0 qu'une réforme semble s'imposer. Actuellement, ce taux est acquis, en vertu de la loi du 5 avril

---

(1) L'Union des Syndicats patronaux des industries textiles de France, qui représente 2800 établissements occupant plus de 600 000 ouvriers, a émis, en avril 1905, le vœu que, « pour favoriser la constitution des retraites ouvrières, l'État, les Départements et les Communes interviennent par voie de subvention aux Sociétés nées de l'initiative privée, et notamment aux Sociétés de secours mutuels. »

1898 (article 21), aux fonds déposés par les Sociétés de secours mutuels à la Caisse des dépôts et consignations.

La loi belge procède autrement et majore de 60 0/0 les versements faits par le mutualiste sur son livret individuel de retraite, jusqu'à concurrence d'un maximum de 15 francs pour le versement annuel.

Le système français du taux de faveur a la séduction de celui de la répartition et de tous ceux qui pénètrent « par la pointe », c'est-à-dire qu'il commence par n'imposer à l'État que des sacrifices insignifiants; qui seront, par exemple, pour un sociétaire déterminé, versant 10 francs par an, de 0 fr. 15 la première année. Mais, trente ans plus tard, ce sacrifice s'appliquant aux cotisations accumulées depuis l'origine avec l'intérêt composé, atteindra 11 fr. 81 (1), c'est-à-dire sera devenu environ quatre-vingts fois plus fort.

Dans le système belge, au contraire, la subvention, étant proportionnelle au versement de l'assuré, reste fixe. L'État sait exactement à quoi il s'engage et peut adapter l'étendue de ses subventions à ses ressources, au lieu de s'exposer à des aléas redoutables et indéfinis par l'allocation d'un taux de faveur, qui brave les lois économiques et qui est plein de menaces pour l'avenir des finances publiques.

D'autre part, l'effet utile de ce taux de faveur sur le montant de la pension est beaucoup plus difficile à mesurer par le mutualiste que celui de la majoration belge, qui se traduit immédiatement sur le livret par une plus value correspondante de la pension. L'incitation est plus énergique et l'encouragement plus efficace, quand les résultats sont palpables, c'est-à-dire quand le titulaire du livret peut chaque jour suivre les progrès de sa rente sous l'action parallèle de ses propres versements et des subventions de l'État.

Sans rien enlever à la quotité des subventions actuelles

---

(1) Première année $10 \times (1,5\ 0/0 - 3\ 0/0) = 0$ fr. 15.
Trentième année $787 \times (1,5\ 0/0 - 3\ 0/0) = 11,81$.
Voir à ce sujet l'étude de M. Fleury, actuaire du *Phénix*. *Bulletin de la Ligue de la Mutualité*, 1905.

de l'État, et même en les majorant dans la limite que comporterait la situation de nos budgets, il y aurait donc lieu de renoncer à une forme pleine d'obscurités menaçantes et qui rachète sa modération relative dans le présent par les aggravations incompressibles qu'elle réserve à l'avenir, et de la remplacer par la forme belge, qui donne tous les ans à l'État la mesure de ses sacrifices et aux mutualistes celle de son concours.

L'État pourrait encore emprunter à la loi belge une autre de ses dispositions, qui alloue une subvention annuelle de 2 francs par livret, mais avec cette modification que la subvention serait uniquement attribuée aux livrets nouveaux créés dans l'année, pour servir de prime au recrutement des candidats à la retraite.

En dehors de ces encouragements financiers et directs, l'État pourrait encore beaucoup en mettant au service de l'essor mutualiste la puissance de son organisation administrative. Par exemple, s'il organisait des missions à l'intérieur pour porter la bonne parole dans tous les villages, jusqu'ici réfractaires à l'action de la mutualité, s'il incitait à cette propagande tous ses fonctionnaires, comme dans une excellente circulaire, le ministre de l'Agriculture le faisait récemment pour les siens, nul doute qu'un nouvel élan ne fût imprimé au mouvement actuel.

Enfin l'État pourrait encore davantage, s'il voulait bien détourner vers ce but l'immense prestige dont jouissent dans notre pays les distinctions honorifiques et qu'attestent les efforts et les sacrifices faits par les exposants en vue de cette récompense, suprême objet de leur ambition. Cette faveur, dont les services rendus à la mutualité seraient entourés, déterminerait une poussée générale dans cette direction. Tous ceux, auxquels ne suffit pas la satisfaction intime et silencieuse du devoir accompli et qui tiennent à un hommage extérieur — et ceux-là sont légion — se mettraient en marche et travailleraient avec ardeur aux progrès de la mutualité. S'il appliquait à ce but quelques aunes de ruban, — qui ne sauraient d'ailleurs trouver un plus légitime emploi, — l'État arriverait sans bruit sans frais, à des résultats bien autrement décisifs que par l'obligation avec sa bureaucratie, ses milliards à capitaliser ou à engager, ses réactions inévitables, et ses effets anesthésiques sur le caractère de la nation.

XI. — Résumé et conclusions.

Bien que j'aie déjà été très long, je sens bien que tout ce programme semblera à peine esquissé et aurait besoin de développements, que m'interdit l'espace dont je dispose.

Il me semble cependant que, malgré leur brièveté, les indications qui précèdent sont suffisantes pour montrer qu'on n'est pas fatalement acculé à l'obligation.

L'œuvre des retraites ouvrières, comme l'a dit excellemment M. Millerand, « n'est pas seulement une œuvre d'humanité, de bonté; mais elle est aussi une œuvre de raison, de prudence et de prévoyance politique. » Ce problème est posé et ne peut pas ne pas être résolu; mais sa solution n'est pas unique et nous pouvons choisir entre plusieurs directions pour atteindre notre but commun : d'un côté, une grande route, toute droite, jalonnée de poteaux télégraphiques, bien alignés, bien secs, tous identiques, sans feuilles et sans verdure, où l'État nous enjoint de nous engager sous l'aimable escorte du gendarme et du percepteur; de l'autre, tout un réseau de chemins ombreux serpentant à travers des futaies hospitalières, où la mutualité nous servirait de guide et de soutien pour nous conduire à destination.

En d'autres termes, nous sommes arrivés à un carrefour où nous avons à opter entre le système allemand ou le système belge, qui est aussi le système italien.

Pour notre part — et nous avons dit nos motifs, — si nous sommes loin de refuser notre hommage à l'ampleur du système allemand en Allemagne, — où son succès relatif s'explique par des raisons historiques, par la décentralisation communale, par l'autonomie corporative, par l'unité morale et la forte discipline des esprits, — nous restons convaincu que le système de « la liberté subsidiée » convient mieux à notre tempérament, comme à notre génie national, et que nous serions imprudents de vouloir implanter chez nous une organisation qui ne trouverait pas dans notre terrain les éléments nécessaires à sa vitalité.

Du moment où le sort des vieillards indigents est désormais assuré par une loi d'assurance obligatoire, l'obligation a perdu son excuse et l'on n'est plus qu'en face d'une clientèle de prévoyants, qui est de taille à se mesurer avec les viriles et fécondes solutions de la mutualité libre.

Nous ne repoussons pas, on l'a vu, le concours de l'État; car nous attendons beaucoup de lui; mais nous voudrions qu'il s'inspirât, dans ses interventions, du principe : « le minimum d'État et le maximum de liberté ! » (1)

La mutualité voit s'ouvrir devant elle de lumineuses et profondes perspectives, qui se dérouleront si on la laisse vivre dans la plénitude de sa liberté, mais que viendrait brusquement barrer l'obligation. Nous demandons qu'on ait foi en elle, qu'on l'aide sincèrement à remplir ses destinées, au lieu de ne lui laisser que la liberté apparente de l'oiseau dans la cage, en l'enfermant, en réalité, dans un organisme de fer, dont elle ne serait qu'un rouage passif. Nous demandons que ce grand problème des retraites soit résolu non à « l'Allemande » mais « à la Française » (2), par la libre initiative des patrons et des ouvriers, avec les subsides et les encouragements de l'État; nous demandons, enfin, que cette forme de la prévoyance ne violente pas et ne tarisse pas les autres; c'est-à-dire que demain comme aujourd'hui, il soit loisible au père de famille de consulter sa sagesse, sa conscience et sa sollicitude envers les siens, pour régler librement leurs intérêts, assurer leur existence et leur avenir, sans subir le joug tyran-

---

(1) Voir les *Limites de l'intervention de l'État*, par M. E. Cheysson (Guillaumin).

(2) Au récent Congrès de Vienne (19 septembre 1905, M. Bœdiker a nettement reconnu que chaque pays devait donner son caractère propre à ses solutions de prévoyance et, à cette occasion, il a ingénieusement comparé le problème des retraites ouvrières à celui du logement populaire qu'on peut traiter par la maison collective ou par la maisonnette isolée. « Qu'importe, ajoutait-il, pourvu que chaque travailleur ait un toit sur sa tête ? L'uniformité n'est qu'une gêne et un mal. » (*Le Matin*, 21 septembre 1905).

nique d'une consigne bureaucratique, implacablement uniforme et hors de laquelle il n'y aurait point de salut. (*Vifs applaudissements*)

M. Gaston MÉNIER. — Vos applaudissements si nourris et si mérités montrent tout l'intérêt que vous attachez au problème de cette question des Retraites ouvrières. Si vous le voulez bien, je demanderai quels sont ceux d'entre vous qui désirent prendre la parole, nous serons heureux d'entendre les objections qu'ils jugeront devoir présenter à la thèse soutenue de façon si magistrale par M. CHEYSSON.

M. RODRIGUES. — Messieurs, après l'exposé si net qui nous a été fait lors de notre dernière réunion, par M. SIEGFRIED, après les chiffres si éloquents présentés par M. NEYMARCK avec son autorité incontestée, enfin, après les éclaircissements et les conseils que nous a donnés M. CHEYSSON, dans cette exquise causerie pendant laquelle il nous a tous tenus sous le charme de sa parole, il vous paraîtra probablement audacieux qu'un nouveau venu parmi vous ose prendre la parole et surtout qu'il la prenne pour combattre les thèses qui ont été émises jusqu'ici.

Car je tiens à le dire tout de suite : je me prononce très nettement et pour l'obligation et pour la répartition.

L'obligation me paraît d'abord nécessaire pour le patron. Certes l'initiative individuelle a du bon et j'en suis le plus dévoué défenseur dans la plupart des actes de la vie, en général, et de la vie industrielle surtout ; mais il en est quelques-uns pour lesquels la contrainte légale est malheureusement nécessaire, et il est regrettable de constater que c'est quelquefois pour rappeler les hommes à l'accomplissement de leurs devoirs. Sans aller chercher un exemple bien loin, il est certain que, si pour former en temps de paix l'armée destinée à défendre le sol national on ne comptait que sur les engagements volontaires et spontanés, elle serait peu nombreuse. Je considère que l'attribution des retraites aux vieux qui, pendant leur jeunesse, se sont consacrés au développement industriel et commercial du Pays, est un devoir de même ordre que celui auquel la Société, et plus particulièrement le patron qui en a profité, ne saurait se soustraire.

On nous dit que certaines industries sont à bout et qu'il leur est impossible de supporter un nouvel accroissement de charges. Cette assertion est difficile à réfuter parce que les éléments que l'on possède pour discuter cette question sont trop peu certains; pourtant, il doit y avoir peu d'industries dont les prix de revient soient calculés avec tant de précision qu'il soit impossible de donner 5 fr. 10 à l'ouvrier qui gagnait 5 francs; c'est à ces 0 fr. 10 que se résumerait la charge de 2 0/0 réclamée par la loi *Guieysse-Millerand*.

Si cette charge est obligatoire, par ce fait même elle sera commune à tous et nous pourrons en tenir compte dans les frais généraux de fabrication; en somme, elle sera supportée par le consommateur.

M. KLOTZ nous disait contre l'obligation : « Quand une industrie sera prospère, le chef d'exploitation sera le premier à garantir l'avenir des vieux travailleurs. » Il existe depuis longtemps des industries prospères, et elles sont heureusement nombreuses. Malgré cela, le nombre est encore relativement petit de ceux qui ont fondé dans leurs établissements des institutions de retraites bien étudiées et donnant des résultats satisfaisants.

Parmi les chefs d'industrie, les uns vous disent qu'en s'imposant volontairement ces charges ils se mettent dans une situation inférieure à celle de leurs concurrents moins bien intentionnés vis-à-vis de leurs collaborateurs. D'autres à qui on oppose la prospérité de leurs industries vous répondent que les vaches maigres peuvent remplacer les vaches grasses, et qu'une fois les engagements pris, ils ne pourraient plus revenir en arrière; que, par conséquent, il vaut mieux s'abstenir.

Voilà les raisons pour lesquelles, si on a le désir réel de voir la loi aboutir, il faut, à mon avis, que les patrons acceptent le principe de l'obligation.

Ce principe n'est pas moins nécessaire lorsqu'il s'agit de

l'ouvrier, d'abord au point de vue moral, car ce serait une atteinte à sa dignité que de ne pas le faire participer à cette œuvre de prévoyance instituée en sa faveur. S'il n'y a pas obligation, peu nombreux seront les ouvriers qui viendront apporter leur contribution.

Dans une œuvre qui me touche personnellement et à laquelle les intéressés ne sont pas obligés de prendre part, sur 400, j'ai pu en grouper environ 300 et, pour atteindre ce but, j'ai dû les convaincre par petits groupes de 10, de 5, quelquefois même individuellement.

Examinez la composition de ces Sociétés de Secours mutuels dont il a été si éloquemment parlé, vous constaterez que les vrais ouvriers n'y sont pas, jusqu'à ce jour, bien nombreux : on y rencontre surtout des employés, des hommes qui, par leur éducation un peu plus soignée, comprennent les avantages qu'ils peuvent tirer de ces œuvres d'association.

Donc, pour moi, je le répète, la participation patronale et ouvrière doit être obligatoire, ou l'œuvre des retraites est vouée à la faillite certaine.

Le second point sur lequel je me sépare des opinions émises ici, c'est que je suis complètement opposé à la capitalisation. Les deux défauts de toute capitalisation sont, d'une part, l'accumulation des capitaux et, d'autre part, la nécessité de passer par une période transitoire pendant laquelle les vieux actuels ne toucheraient rien ou presque rien.

En ce qui concerne l'accumulation des capitaux, le rapporteur de la loi qui va être discutée à la Chambre nous annonce que, dans un avenir qu'il prévoit, on aura réuni dans les caisses de l'État 20 milliards qui devront être placés dans ces valeurs que l'on appelle « de tout repos ». Dans notre dernière réunion, M. Neymarck nous a fait ressortir l'impossibilité absolue de faire ces placements annuels sans amener une catastrophe financière et il nous a indiqué, beaucoup mieux que je ne saurais le faire, le danger d'un pareil projet.

Au point de vue ouvrier la perspective n'est pas plus

réconfortante, car ceux qui sont vieux aujourd'hui ne peuvent attendre les trente ans qu'on juge nécessaires pour que la loi soit en plein fonctionnement.

Ces défauts de la capitalisation se retrouvent aussi dans le cas où le service des retraites serait confié aux Sociétés de Secours mutuels conjointement avec celui des invalidités et des pensions destinées aux veuves en cas de décès. il faudrait naturellement prévoir des contributions à peu près égales à celles du projet de loi Guieysse, puisqu'en réalité on aurait en vue le même but par la capitalisation et, par conséquent, les 20 milliards qui nous effraient seraient peut-être un peu longs à se former, mais on finirait par les atteindre.

Alors je reviens toujours au système de la répartition qui me paraît le seul pratique depuis environ dix ans que je m'occupe de cette question des retraites. Je ne me laisse pas arrêter par cette objection que le système de la répartition est plus onéreux que celui de la capitalisation car, au point de vue du versement, la contribution ouvrière ou patronale est la même avec la capitalisation ou la répartition. Il n'y a donc que l'engagement pris par l'État qui sera différent. Or, comme avec la répartition on peut se passer de la contribution de l'État pour servir les retraites aux travailleurs actifs, l'État pourrait mettre de côté sa part de contribution annuelle pour rembourser, sans intérêt, les versements faits préalablement par les jeunes travailleurs dans le cas où la loi cesserait de fonctionner.

Quelques chiffres tirés du rapport de M. GUIEYSSE peuvent donner une idée du résultat de la répartition.

En ce qui concerne les travailleurs de l'Industrie et du Commerce la statistique de 1896 établit que leur nombre total s'élève à . . . 5.602.000
        dont . . . 5.231.000 ayant moins de 60 ans
        et . . . 371.000 ayant plus de 60 ans.

Si l'on suppose que l'ouvrier ayant moins de 60 ans et le patron qui l'emploie donnent chacun 0fr.05 par jour de travail, ce qui correspond à peu près à 10/0 du salaire et fait

30 francs pour les deux contributions calculées sur 300 jours de travail, nous aurons une recette de $30 \times 5,231.000 = 156.930.000$ francs qui, répartie entre 371.000 travailleurs âgés de plus de 60 ans, donnerait pour chacun: 423 francs.

Si on réduit la pension à 360 francs comme le prévoit le projet de loi, il restera chaque année : 23.373.000 fr. qui pourront former un fonds de garantie destiné à remplacer les versements qui n'auraient pas été faits soit par les ouvriers, soit par les patrons pour cause de chômage, faillite, etc., etc.

Voilà réduite à sa plus simple expression une institution de retraites fondée sur le principe de la répartition avec contribution de 1 0/0 du salaire par le patron et 1 0/0 par le travailleur. Il est vrai qu'elle ne prévoit la retraite que pour les vieux travailleurs actifs, puisque ce sont les seuls compris dans la statistique de 1896, ce sont les seuls dont nous ayons réellement à nous préoccuper en tant que patrons, car la situation des autres est plutôt du domaine du pays tout entier et elle devrait être réglée par l'État. Cette sélection a de l'analogie avec le principe posé dans le projet SIEGFRIED qui n'attribue les retraites qu'aux travailleurs assujettis à la loi de 1898 sur les accidents.

En ce qui concerne la retraite et la retraite seule, je considère que cette question peut être solutionnée par une contribution obligatoire du patron et de l'ouvrier ayant moins de 60 ans, répartie immédiatement entre les travailleurs actifs âgés de plus de 60 ans.

En ce qui concerne l'invalidité et les pensions des veuves en cas de décès, on ferait appel aux Sociétés de Secours mutuels, et elles auraient encore là une belle œuvre à accomplir; mais pour cette partie, on laisserait la liberté absolue aussi bien au travailleur qu'au patron. L'État devrait faciliter par tous les moyens le développement de ces opérations et contribuer d'une façon effective à la formation de ces pensions d'invalidité. Les vieux dépassant 70 ans, seraient considérés de droit comme invalides. En d'autres termes, les mutualités se chargeraient des retraites au delà de 70 ans pour ceux qui, pendant leur vie, auraient fait *librement* des versements en se conformant aux Statuts de ces Sociétés. Les patrons pourraient concourir à cette œuvre en s'inscrivant *librement* dans les mutualités à titre de membres honoraires.

Je n'ai pas eu l'intention de faire une proposition de loi, car je n'ai certainement pas la compétence nécessaire et j'ai encore moins la prétention de m'en croire capable, mais je résume les grandes lignes de la question telles que je les conçois :

Deux parties bien distinctes :

1°. — Retraites obtenues par la répartition des deux contributions obligatoires du patron et des travailleurs âgés de moins de 60 ans et calculées chacune à raison de 1 0/0 du salaire. Il y aurait à prévoir un taux différent pour les travailleurs de l'agriculture, si on leur appliquait la loi.

2°. — Pensions d'invalidité, pensions pour les veuves, servies par les caisses de secours mutuels, moyennant des versements facultatifs capitalisés à la méthode ordinaire, majorés par l'État et garantis par lui. L'Invalidité comprendrait de droit les travailleurs de plus de 70 ans.

Je vous demande pardon, Messieurs, de m'être permis ces quelques considérations ; mais j'insiste vivement pour que le patronat ne se montre pas irréductible dans la question de l'obligation surtout réduite aux termes que j'ai indiqués. Je vous rappelle le triste effet produit par l'opposition de certains groupes patronaux à la loi de 1898 sur les accidents. Pourtant cette loi était juste et nécessaire et, aujourd'hui, elle est tellement entrée dans nos mœurs qu'elle fonctionne sans difficulté et que personne ne songe plus à blâmer le principe « du risque professionnel » qui a présidé à son élaboration.

Il faudrait que ces sortes de questions fussent étudiées au moins autant avec le cœur qu'avec la raison et que, pour ces discussions on se mette, par la pensée, à la place de ceux dont on se propose d'améliorer la situation. Nous donnerions ainsi une preuve de notre volonté de faire cesser tant de malentendus si préjudiciables à tous, et nous affirmerions, à ceux trop nombreux qui en doutent, notre désir très réel de voir nos collaborateurs à la fin de leur carrière jouir d'un repos et d'une tranquillité dont nous serions les volontaires auteurs. (*Applaudissements.*)

M. BLANCHON. — Si j'ai bien compris la Conférence de M. CHEYSSON, il désirerait non pas l'obligation, mais l'initiative personnelle pour arriver sans secousse à établir les retraites. Il parle de la tache d'huile ; je suis partisan du système de M. CHEYSSON, mais je me demande combien de temps cette organisation prendra ; beaucoup de vieillards mourront sans avoir touché leur retraite.

M. CHEYSSON. — La tache d'huile a commencé depuis un certain temps, l'initiative privée a de nos jours beaucoup agi, et l'obligation deviendra plus facile par ce que l'action patronale aura déjà pu produire des résultats satisfaisants. Ces vieillards qui vous intéressent trouveront leur soulagement dans l'obligation de l'Assistance publique qui les empêchera de mourir de faim.

M. DELATOUR ayant été invité à prendre la parole, M. Gaston MÉNIER répond que M. DELATOUR ne peut prendre la parole, étant appelé par ses fonctions à soutenir le projet du Gouvernement : il ne peut qu'assister aux débats sans donner d'avis personnel.

M. Julien HAYEM. — M. DELATOUR, sans entamer le fond du débat, pourrait nous exposer les services que la Caisse des retraites a rendus et peut être appelée à rendre encore ; son organisme est très ancien et M. DELATOUR nous fournirait de précieux éclaircissements en nous faisant connaître les avantages que procure la Caisse nationale de retraites.

M. DELATOUR. — Un exposé de ma part entraverait la discussion ; je suis tout disposé à faire connaître les services rendus par la Caisse des retraites, ils sont connus du reste de beaucoup de vous, notamment de M. Alfred NEYMARCK, mais il serait préférable que l'on ne détournât pas la discussion de son but. En présence des deux systèmes, répartition et capitalisation, il faut avant tout étudier celui de la répartition, et je sais combien mon honorable Collègue, M. Cheysson, lui est hostile.

M. Julien Hayem. — Je crois que M. Rodrigues nous en a exposé le principe, mais dans cet exposé si intéressant, il y a de très sérieuses modifications à apporter; il est difficile de répondre à un travail qui est le résultat de réflexions profondes. Il serait utile que ce travail fût publié et médité.

Je maintiens le désir que, à son heure, M. Delatour ait la bonté de nous exposer les différents modes de subvention et de concours organisés par la Caisse nationale des retraites pour la vieillesse. Cette institution ne saurait être omise ou négligée par qui traite cette grave question des retraites ouvrières.

M. Cheysson voudra bien nous faire part de ses réflexions sur la répartition.

Interrogé sur son opinion, au sujet de la répartition, M. Cheysson estime qu'elle a l'avantage de procurer des satisfactions immédiates, tandis que la capitalisation a l'inconvénient de faire attendre plus longtemps ses effets.

La répartition est un système très séduisant, mais a de réels inconvénients pour le bon état de nos finances, elle fait peser sur toute une génération les charges de libéralités purement bénévoles, elle entraîne le pays dans des engagements dont on ne peut prévoir l'étendue.

D'après les calculs des tables, en matière de retraites, d'une part le contribuable de vingt ans aurait, en faisant ses versements librement et lui-même, une pension triple de celle qu'il aurait en cas de contrainte par le système de la répartition, et d'autre part l'ensemble des pensions correspond à une dette de 30 milliards pour le pays.

C'est donc, je le répète, à la mutualité patronale qu'il faut revenir, et, comme conclusion, mutualité libre, sans intervention de l'État.

M. Alfred NEYMARCK. — Nous sommes encore dans la discussion générale, et la question est tellement vaste, qu'elle mérite un examen très approfondi, et pourrait être divisée en plusieurs parties distinctes :

1° Faut-il des retraites ouvrières ?

2° La liberté ou l'obligation sont-elles préférables pour le salarié, le patron ou l'État ?

3° Doit-on faire appel à la Répartition ou à la Capitalisation ?

4° Enfin à quel système de retraites devons-nous donner la préférence et lequel adopter ?

Ces quatre points devraient être successivement étudiés, et la Société aurait à se prononcer sur chacun d'eux.

Je n'ai que quelques mots à dire après les observations intéressantes présentées par M. RODRIGUES, et l'exposé lumineux de M. CHEYSSON ; je suis contraire à la fois à la Répartition et à la Capitalisation.

En deux mots, la Répartition, c'est l'inconnu, l'aléa : ceux qui versent paient à ceux qui reçoivent, et le jour où, pour une cause ou pour une autre, ceux qui versent ne le feraient plus, ceux qui reçoivent ne recevraient plus rien.

La Capitalisation, au contraire, sauf les difficultés de capitaliser des sommes énormes, est préférable, car il y a toujours un intérêt à recevoir; mais il ne faut pas se faire de grandes illusions. Quand j'entends parler de capitalisation, il me revient à la mémoire l'histoire suivante :

Il y avait une fois un bon docteur qui avait trouvé une véritable panacée. —Oh ! ce n'est pas un conte. — C'était à la fin du xix° siècle, ce bon Docteur, M. Price, disait : « Empruntez, empruntez, il n'y a aucun danger à le faire : vous pouvez emprunter autant que vous le voulez pourvu que vous puissiez ajouter aux intérêts annuels un léger tantième : le temps aidant, le capital emprunté se trouvera amorti. Faites de la Capitalisation ! » Le bon docteur disait aussi qu'un sou placé à intérêts composés, depuis la naissance de Jésus-Christ, aurait produit un bloc d'or plus gros que notre planète.

Le calcul est très facile à faire et est exact, on peut le

refaire sur le papier et on trouverait des milliards. Mais le bon docteur oubliait de dire, dans sa démonstration, qu'il aurait fallu faire ces placements depuis la mort de Jésus-Christ, si les valeurs mobilières avaient existé, toujours sur les mêmes valeurs, toujours au même prix d'achat et au même taux d'intérêt.

Voilà le gros danger de la Capitalisation, et lorsque je démontrais, à la dernière séance, les difficultés de placer des capitaux énormes sur des valeurs garanties par l'État, je pensais aux chiffres de M. Guieysse, à ceux de l'Office du Travail et à ceux du Gouvernement lui-même, et je me disais que, pour commencer, il se trouvait des différences considérables qui donnent à réfléchir et sur lesquelles il faudrait bien commencer par se mettre d'accord.

M. Guieysse estime le fonds de garantie à 12 milliards.
L'Office du Travail — — 14 —
Le Gouvernement — — 17 —

Sur le nombre des salariés, les différences ne sont pas moins graves. On parle de milliards et de milliards à placer comme s'il s'agissait de quelques centaines de francs, et on laisse dans l'ombre la possibilité de les réunir et de les placer. Il y a là de grosses illusions.

Vous connaissez, Messieurs, un vieux proverbe qui dit: « On juge un arbre d'après ses fruits. »

Supposons qu'il y ait 30 ou 40 ans, en 1865 ou 1870, la loi ait été appliquée: au moment de la promulgation de cette loi et de sa mise en exécution, de 1865 à 1870, de 1870 à 1875, il aurait été facile de placer des capitaux sur des valeurs de premier ordre à 5 0/0 et au-dessus, et si ces placements avaient été étendus sur des valeurs de deuxième ou troisième ordre qui, depuis, sont presque considérées aujourd'hui comme de premier ordre, à en juger par leur taux de capitalisation, on aurait pu obtenir 6, 6 1/2, 7 0/0 et davantage.

Les titres qu'on appelait il y a 25 ou 30 ans des « valeurs à turban » rapportaient 6, 7, 8 et 9 0/0 et aujourd'hui ne rapportent que 4 0/0 ; des fonds concordataires, c'est-à-dire de pays qui ont manqué à leurs engagements, se capitalisent comme se capitalisaient jadis des rentes de premier choix. On aurait pu obtenir un rendement moyen de plus de 6 0/0. Mais depuis que le taux de l'intérêt s'est abaissé de 6 à 5 0/0, de 5 à 4 1/2 0/0, et successivement de 4 à 3 1/2 0/0, de 3 1/2 à 3 0/0 et jusqu'à 2 1/2 0/0, où en serait-on maintenant ? Dans quelle situation se trouverait le Trésor ? Pourrait-il demander une contribution plus forte aux salariés, aux Patrons ? Ce serait sur lui, sur l'État, c'est-à-dire sur nos contribuables que l'on retomberait pour maintenir la même retraite aux travailleurs. Il ne pourrait diminuer le taux de la retraite primitivement fixée. L'État pourrait-il dire au fils du salarié qui continue le travail de son père : « Tu n'auras qu'une retraite de 360 francs tandis que ton père en avait une de 500 francs. » C'est donc à l'État que l'on s'adresserait pour parfaire cette retraite. Quand on connaît les difficultés avec lesquelles le budget est équilibré, comment une telle mesure serait-elle praticable? On peut dire que j'exagère ; je cherche la vérité et je la dis comme je la ressens : et, si vous me le permettez, je vais me placer dans l'hypothèse contraire.

Supposons que la loi ait été appliquée à un moment où l'intérêt de l'argent aurait été faible, sous le règne de Louis-Philippe, par exemple ; alors que les placements de premier ordre rapportaient à peine 4 0/0, alors que la rente avait atteint des cours très élevés. Puis les cours ont sensiblement diminué en 1848 ; sous l'Empire, la rente a atteint 75,10 pendant la période impériale. Supposons donc que les retraites aient été établies sur le rendement de l'intérêt de 4 0/0 sous Louis-Philippe, et qu'elles aient été maintenues au même chiffre pendant les périodes ultérieures alors que l'intérêt des capitaux s'était relevé : croyez-vous que le salarié n'aurait pas demandé l'augmentation de sa retraite en faisant remarquer que l'État, par suite du relèvement du taux de l'argent, fait des profits ?

A quelque point de vue, en définitive, qu'on se place, la capitalisation est difficile à faire, elle retombera toujours sur l'État, sur le budget, sur le Trésor, sur les contribuables, c'est-à-dire sur tous ceux qui payent les impôts, sur les commerçants, les industriels ! Je pourrais encore ajouter d'autres faits et d'autres chiffres à ceux que je viens de signaler, mais il est tard et je me borne, en terminant, à demander que si la discussion doit continuer, il y ait lieu de sérier les questions en suivant, par exemple, l'ordre suivant :

1° Faut-il constituer des retraites ouvrières ?

2° Doit-on adopter le principe de l'obligation ou de la Liberté ?

3° Doit-on adopter la Répartition ou la Capitalisation ?

4° Quel système de retraites doit-on admettre? (*Applaudissements.*)

M. Julien Hayem. — Au mois de juin, aura lieu le dernier dîner de la Session, nous n'avons plus qu'une séance pour arriver à une solution, il faut évidemment tirer une conclusion pratique de la discussion qui s'agite ici.

En dehors du système exposé ce soir par M. Cheysson, nous n'avons pas vu surgir d'idées nouvelles ; ne croyez-vous pas que dans notre prochaine séance nous pourrions passer tout de suite au paragraphe 3 de la proposition de M. Alfred Neymarck, le système à adopter en matière de retraites, et nous borner, en attendant la reprise de nos travaux, à une solution d'ensemble.

D'ici la prochaine réunion, le travail de M. Rodrigues aura pu être imprimé et nous pourrons alors examiner quel serait le système à admettre et arriver ainsi à une résolution, ne fut-ce que provisoirement.

M. Yves Guyot craint que cette espérance soit bien téméraire.

M. Gaston Ménier. — La question d'établir des retraites me paraît bien difficile; on a cherché par quel bout on pourrait l'aborder : c'est une question que l'on croit avoir résolue et, toujours sous ses pas, on trouve une pierre d'achoppement. Il est évident qu'en aussi peu de temps on ne peut arriver à la résoudre, il faudrait faire un programme de travaux, j'ai été très frappé de la proposition de M. Neymarck, et je crois qu'il serait bon de ramener la discussion au programme indiqué par lui. Notre Société pourrait, dans ces conditions, émettre un vœu, sans avoir la prétention de présenter un système complet.

M. Yves Guyot. — Rien de plus dangereux, à mon sens, que d'émettre un vœu pareil, sans s'être prononcé sur la question. A la Chambre des députés, quand on a voté la loi en laissant les questions de détail de côté, on s'est considéré comme engagé sur le principe. La première chose à faire c'est de se prononcer sur la question elle-même et l'envisager d'abord sous toutes ses faces.

M. Gaston Ménier. — Tout à l'heure, M. Cheysson parlait d'une loi déjà existante, la loi de 1894, cette loi avait été appliquée avec beaucoup de crainte: une fois la promulgation effectuée, elle n'a pas donné les mécomptes qu'on redoutait. Il peut en être de même avec une loi sur les retraites. Je crois donc qu'il serait actuellement nécessaire d'examiner : s'il est possible ou impossible de faire des retraites ouvrières.

M. Yves Guyot. — Ne nous prononçons que sur le principe.

M. Gaston Ménier. — Le principe est voté ; il ne nous reste à nous prononcer que sur « la Liberté » ou « l'Obligation ». Ce sont là aujourd'hui les deux grands courants d'opinions nettement tranchés.

M. Cheysson. — J'aurais préféré qu'on donnât le tour de faveur au système à adopter en matière de retraites ouvrières : on pourrait ainsi condenser les deux questions:
Faut-il la Liberté ou l'Obligation. — Et quel système doit-on admettre ?

M. Julien Hayem. — Je crois que nos opinions, à nous patrons, sont contraires à l'obligation. Nous nous rallierions plutôt aux vœux des Chambres de Commerce.

Dans notre prochaine réunion nous examinerons les vœux déjà prononcés par le patronat ; quels sont les systèmes qui pourront remplacer utilement les projets de loi contre lesquels nous nous élevons, nous n'adopterons forcément ni l'opinion de M. Siegfried, ni celles de MM. Guieysse et Dubost; une majorité se prononcera sur le meilleur système à suivre.

M. Gaston Ménier. — Il y aurait une distinction à faire dans ces deux situations extrêmement différentes : de la période transitoire et de la période normale. La période transitoire présente en effet une très grande difficulté : il y a là un écueil malaisé à franchir, nous paierons l'imprévoyance de nos aînés et il faudra faire supporter une part de cette charge à nos descendants. Ne pourrait-on pas trouver un système d'emprunt amortissable, allant en décroissant de façon à ne pas engager outre mesure l'avenir ?

La période transitoire doit être étudiée d'une façon distincte de la période normale. Pour ceux qui commencent à se constituer une retraite à 20 ans, la question est très simple: ce qui la rend délicate c'est d'assurer la retraite à ceux qui vivent aujourd'hui ; la grosse difficulté pour la période transitoire, en la chiffrant même exactement, c'est qu'on est lié à tout un passé de travail A moins d'émettre un emprunt amortissable, à moins d'établir une répartition qui se ferait sur un fonds spécial, on ne peut arriver, d'après moi, à régler d'une façon sérieuse et équitable les retraites pendant la période transitoire.

M. Alfred Neymarck. — On voit tous les jours de nouveaux systèmes et des propositions de loi éclore. Aujourd'hui encore, l'*Officiel* publie une proposition signée par M. Henri Michel et grand nombre de ses Collègues d'après laquelle il faudrait faire bénéficier de la retraite l'universalité des citoyens.

Dès la promulgation de la loi, il serait versé à 2 millions 800.000 personnes, hommes et femmes âgés de plus de 60 ans une pension viagère de 50 francs. Ce serait une dépense budgétaire de 143 millions.

M. Cheysson. — En ce qui concerne la question qu'a soulevée M. le Président pour la période transitoire, le système belge l'a fixée à dix ans et a supposé le délai de cette période suffisant. Il serait dangereux de rester sur le terrain théorique. Je ne crois pas qu'il soit bon de garder une attitude négative, on pourrait y voir un certain égoïsme du patronat qui paraîtrait ne pas vouloir s'intéresser au sort de l'ouvrier. Il faut trouver une solution : si on combat l'obligation, il convient d'adopter un système pour établir la liberté. On ne doit combattre que ce que l'on peut remplacer.

Il ne faut plus faire de ces discussions purement théoriques; à la place de l'obligation, mettons autre chose de pratique et alors nous pourrons nous présenter devant l'opinion publique dans une bonne posture.

J'insiste pour que l'on mette à l'ordre du jour l'étude des divers systèmes en matière de retraites.

M. Alfred Neymarck. — Il ne faut pas craindre que l'on vienne nous dire : « Vous n'aboutissez à rien » : c'est l'objection qui a été faite à la Société d'Économie politique en 1901 quand on a discuté cette grande question des retraites. Je me rappelle la réponse de M. Frédéric Passy, notre grand Maître, à ceux qui disaient: « Vous aboutissez à une négation. » Il répondait: « Nous aboutissons à con-« damner des erreurs, à signaler des écueils, à éviter des « fautes, à dissiper une fantasmagorie funeste, à rétablir « la notion de la liberté, de la responsabilité, de la soli-« darité, de la démocratie. Le rôle de l'État n'est pas de « faire nos affaires, mais de nous les laisser faire nous-« mêmes. » Ces paroles éloquentes sont la vérité, la sagesse même.

Sous ces réserves, on peut modifier l'ordre des questions à examiner ainsi que le demandent MM. Cheysson et Julien Hayem.

En sériant les questions à résoudre, de cette façon nous arriverons à donner des réponses nettes comme il s'en trouve à la fin du rapport de M. Guieysse, alors que les intéressés ayant été consultés, une immense majorité s'est prononcée soit contre le principe de l'obligation, soit contre celui de la capitalisation.

Si nous sommes en présence d'un système de retraites pratique, libéral, ne faisant pas courir de risques au Trésor, au Budget, à l'État, ne surchargeant pas les contribuables, laissant la liberté à chacun, la Société des Industriels et des Commerçants de France donnera son avis et montrera qu'elle n'est hostile à aucune réforme pouvant améliorer le sort de l'individu, des salariés.

M. Julien HAYEM. — Nous pourrions donc proposer la discussion des différents systèmes de retraites pour la prochaine réunion.

M. DUVAL. — J'ai entendu M. CHEYSSON parler de deux points qui ne peuvent être séparés, la capitalisation est la conséquence de l'obligation. Je ne suis pas partisan de la capitalisation, mais je le suis de l'obligation. M. CHEYSSON admettait deux contraintes, la contrainte individuelle et la contrainte patronale. Or, je crois que l'obligation ayant pour but d'exciter les ouvriers à la constitution de leur retraite, on pourrait commencer par prendre tous ceux qui seraient accessibles à cette idée, et pour ceux qui ne le seraient pas, on aurait l'intervention de l'obligation.

M. Gaston MÉNIER. — Il sera très difficile d'arriver à une solution pratique sans l'obligation : il en sera des retraites comme de la loi sur les accidents : les inconvénients de la non-obligation sont tels qu'on ne pourra pas s'y soustraire.

M. CHEYSSON. — Nous avons obtenu de conserver la liberté en matière d'assurance contre l'incendie.

M. Gaston MÉNIER. — Tout le monde maintenant est assuré, toute personne un peu raisonnable comprend l'avantage d'être assurée contre l'incendie. On se fera également à l'idée de se constituer une retraite.

Il est bon de prendre une mesure quelconque en vue d'encourager les patrons à s'occuper des retraites, et il faut démontrer les avantages matériels que l'on trouve en faisant des retraites aux ouvriers.

M. Julien HAYEM. — Pour clore cette discussion, je propose que l'ordre du jour de notre prochaine réunion, le 14 juin, soit ainsi libellé :

« Examen des divers systèmes qui pourraient être adoptés en vue de constituer les retraites ouvrières. »

Je crois que cet ordre du jour donne satisfaction aux opinions qui ont été émises au cours de la présente séance.

La motion de M. Julien HAYEM, mise aux voix par M. Gaston MÉNIER, Président, est adoptée à l'unanimité.

Séance du mercredi 14 juin 1905.

M. Gaston MÉNIER. — Messieurs, nous avons ce soir la bonne fortune de posséder M. MABILLEAU ; vous le connaissez aussi bien que moi ; je n'ai ni à vous le présenter ni à le louer. Aussi bien que moi, vous êtes renseignés sur la valeur de ses études et vous savez quel dévouement il apporte à l'examen de toutes les questions sociales et à la recherche des vraies et saines solutions. Je suis également heureux de saluer en votre nom notre ami M. Gaston SCIAMA, membre de la Chambre de commerce de Paris, qui a l'intention de vous exposer certaines théories intéressantes sur l'emploi des capitaux destinés à la constitution des retraites.

Enfin, je me félicite de voir siéger avec nous et à nos côtés M. Étienne WATEL, bien connu par ses travaux sur les Retraites et la Mutualité.

Nous donnerons, après les communications des orateurs, la parole à ceux d'entre vous qui désireraient faire connaître leur opinion sur la question des retraites ouvrières. (*Applaudissements.*)

Nous allons entendre M. Mabilleau.

M. MABILLEAU. — Messieurs, la question des retraites ouvrières a déjà été traitée au fond, ici même, par des hommes fort compétents ; si vous le voulez bien, je considérerai la chose comme faite, et je me bornerai, ce soir, à exposer le point de vue des Mutualistes que je me trouve représenter parmi vous. Leur opinion n'est sans doute pas négligeable puisqu'ils ont groupé trois millions et demi d'individus répartis entre vingt mille Sociétés et en quatre-vingts Unions départementales; mais elle se présente sous la forme d'une réserve assez délicate que je voudrais vous faire apprécier.

D'une part il est bien certain que les Mutualistes font œuvre de liberté ; l'initiative individuelle et l'association sont les deux seuls ressorts qu'ils emploient pour tenter de résoudre l'ensemble des problèmes de la Prévoyance. Mais, d'autre part, ils tiennent pour nécessaire l'effort qu'ils ont fait librement. Ils sont donc assez embarrassés quand on leur demande leur avis. En réalité, lorsqu'on parle de rendre l'assurance obligatoire pour tous les Français, ce n'est pas les Mutualistes que l'on vise, car ils ont devancé la loi qu'on médite; ils ont réalisé pour eux-mêmes ce qu'il s'agit d'imposer aux autres. Ceux qu'on vise ce sont les imprévoyants, les ignorants, les déshérités de la vie, c'est-à-dire, les sourds, les réfractaires de la Mutualité.

Vous concevez dès lors la situation. Si nous disons que le projet d'assurance obligatoire est légitime, naturel, viable, nous semblons démentir le principe de libre effort que nous avons appliqué dans nos œuvres.

Et si, d'autre part, nous dénions à la société, à la collectivité nationale le droit de diriger ces réfractaires vers ce que nous considérons comme le devoir commun, les malveillants ne manqueront pas de dire que nous sommes des égoïstes, des pharisiens, satisfaits de leur sort et indifférents au sort des autres.

Je fais allusion aux malveillants; il y en a, vous vous en doutez bien.

Notre accroissement a été trop rapide, trop éclatant pour n'avoir pas éveillé quelques inquiétudes chez les politiciens, qui n'aiment pas à voir se former d'aussi formidables groupements en dehors du cadre ordinaire des partis. Les collectivistes surtout nous trouveront trop pacifiques, trop résignés, trop respectueux des pouvoirs publics et des forces sociales actuelles.

Ils nous soupçonnent de vouloir entraver l'essor des réformes intégrales qu'ils rêvent. Nous eussions donné un prétexte redoutable à leur mauvaise humeur si, au nom de nos principes de liberté et d'association, nous nous étions résolument opposés au projet d'assurance légale,

J'ajoute qu'il n'y a pas seulement là une raison de

tactique, et que pour nous, *la prévoyance est un devoir.*

De là, une réserve qui n'a pas toujours été bien comprise, et que je suis heureux de pouvoir expliquer, ce soir, devant des hommes d'esprit large et d'entière bonne foi comme vous.

Jamais nous n'avons sacrifié la liberté à l'obligation ; jamais nous n'avons pris à notre compte les arguments de fond par lesquels on justifie cette dernière ; nous avons seulement dit aux Parlementaires qui préparent le projet de loi : « Quelle que soit la solution que vous adopterez (et c'est à vous de décider quelle est la préférable, vous avez à la fois le pouvoir et la responsabilité) nous vous demandons de ne pas contrarier, de ne pas mettre en péril notre œuvre. Les avantages qu'elle offre sont si grands et si évidents que vous devriez chercher à les maintenir et à les étendre, même dans le cas où vous croiriez devoir établir l'obligation générale. Voulez-vous une preuve de notre sincérité? trouvez un moyen de concilier l'obligation de la prévoyance avec la pratique de la prévoyance libre, et nous serons avec vous pour chercher à réaliser cet idéal social. »

Il fallait une occasion pour préciser cette attitude. Elle se présenta d'elle-même en mai 1904, au congrès triennal de Nantes qui réunissait les délégués de l'immense majorité des Sociétés mutuelles de France.

Le programme, conforme aux anciennes traditions, posait la question des retraites sous forme de ce dilemme très simple : « Êtes-vous pour la Liberté ou pour l'Obligation ? »

J'ai laissé discuter mes collègues pendant quatre jours sur cette alternative, sans intervenir dans le débat, tant je sentais le danger d'une affirmation absolue, dont le sens exclusif serait exploité contre nous. A la dernière séance je suis intervenu et j'ai obtenu l'adhésion mieux qu'unanime, enthousiaste du Congrès, pour une conclusion non pas mixte, non pas contradictoire, mais suspensive et conciliatrice. En voici le sens :

« C'est aux pouvoirs publics de décider si l'acte de prévoyance doit ou non être commandé par la loi : mais il y a une chose certaine, c'est que la liberté des moyens devra être en tout cas respectée, et que c'est le meilleur moyen de réaliser pleinement et librement la prévoyance. »

Cette fusion de deux éléments qui semblent irréductiblement contraires : l'obligation du but et la liberté des moyens est-elle possible ?

Je le crois, Messieurs, et notre législation en offre un exemple remarquable dans la loi de l'enseignement primaire. Tout père de famille est *obligé* de faire instruire ses enfants, mais il est *libre* de les faire instruire où il veut et comme il veut. Il suffit qu'il fournisse la preuve qu'ils sont, en effet, instruits.

Pourquoi ne pas agir de même dans le domaine de la prévoyance ? Il va sans dire que nous avons nos idées sur la manière dont pourrait se formuler la conciliation et j'en dirai un mot tout à l'heure. Mais je dois prévoir une objection préjudicielle : « — Pourquoi, direz-vous, admettre, même hypothétiquement, l'intervention de la *contrainte légale.* Pourquoi ne pas se contenter des instruments d'action existants? La mutualité suffit. Elle se développe avec une prodigieuse rapidité. Laissons-la faire, comme en Belgique — et elle résoudra le problème » — Messieurs, je parlerai franc : Quelque admiration, quelque confiance que je professe pour l'institution à laquelle j'ai donné ma vie, je ne peux pas partager cet optimisme.

D'abord l'extension des œuvres mutualistes est bien moins grande qu'on ne le croit d'ordinaire. Il y a 30 mille communes en France qui ne possèdent pas de Sociétés de Secours mutuels; il y a plus de six millions de travailleurs qui restent en dehors. La propagande a beau faire : il y a des milieux réfractaires où nous ne pénétrons pas.

Je comprends donc — (entendez-moi bien : *je comprends*, je ne réclame pas, je ne professe pas), — je comprends, dis-je, que le législateur, qui ne voit pas les choses au point de vue exclusivement mutualiste, qui considère l'ensemble de la situation sociale, qui se préoccupe de l'intérêt de tous, en vienne à penser que seule l'obligation légale pourra conquérir à la prévoyance les masses ouvrières et paysannes dont la misère l'inquiète.

Et cette conclusion, si elle est réfléchie et mesurée, ne met nullement en péril les mutualités dont nous avons la garde.

Il reste à résoudre la plus grave question, la seule vraiment grave qu'implique le problème. : *A quoi sera-t-on obligé ar pla loi ?*

Est-ce à l'assurance d'État, régime uniforme et administratif qui contraindra tous les travailleurs français au même emploi de leurs épargnes, à la même forme de prévoyance, poursuivie par les mêmes moyens ?

Contre cette solution, nous nous élevons de toutes nos forces et de tout notre droit.

Et il me serait facile, si je n'avais été devancé d'ici dans cette voie, de rappeler toutes les bonnes raisons que nous avons d'agir ainsi.

J'en veux retenir une seule : cette solution vexatoire, coûteuse, exclusive de toutes les œuvres de prévoyance libre dont elle tarit les ressources est de plus *inefficace*; pis que cela, elle n'est *pas viable* : elle finit par se détruire elle-même et par réclamer le secours des agents sociaux qu'elle a remplacés et écrasés, à savoir l'initiative individuelle et l'association.

Pour le prouver je n'ai qu'à en appeler au témoignage de ceux qui pratiquent le régime dont il s'agit.

A la question : « Les dix-neuf millions de travailleurs allemands compris dans l'assurance légale sont-ils *réellement assurés*, c'est-à-dire fournissent-ils régulièrement des cotisations suffisantes pour que l'assurance joue pleinement à leur profit ? » le Dr Zacher, Président du Sénat des Assurances impériales répond : « Non; plus du quart passent au travers des mailles du filet : chômage, déplacements, faiblesse et irrégularité des salaires, fraudes, etc., arrivent à réduire la cotisation au-dessous d'un chiffre utile. »

Et, en effet, Messieurs, la loi ne crée pas les conditions de l'assurance ; à la base, il y a toujours le travail de l'individu, son esprit d'ordre et d'économie, sa *volonté libre*, sans le concours de laquelle l'assurance n'est pas réelle.

Ce concours nécessaire suppose acquise une éducation que le régime légal ne donne pas. Car le régime légal, procédant par voie administrative, agissant par le moyen d'un impôt dont l'intéressé n'est pas admis à discuter l'emploi, ne donne pas au travailleur le sentiment de son épargne, de la solidarité consciente et consentie qui le lie à tous les autres, n'élève pas son niveau moral. En Allemagne, les ouvriers ne savent plus qu'ils paient l'assurance ; au lieu de toucher 5 francs, ils touchent 4 fr. 75, sans s'inquiéter de savoir ce que l'Administration fait avec le reste. Est-ce là l'idéal de la coopération sociale ?

Nous rêvons mieux qu'un résultat matériel, qu'une abdication des individus devant l'État-Providence.

D'ailleurs (et c'est là ce qu'il y a de plus frappant, de plus décisif en notre faveur), l'État-Providence lui-même se déclare impuissant à gérer directement la somme des intérêts individuels dont la loi le charge.

Lisez, à cet égard, la curieuse confession du Ministre de l'intérieur de Prusse, l'ex-chancelier de l'Empire et le Grand-Maître des Assurances allemandes, M. de Pozadowski.

Le 5 mars dernier, ce haut fonctionnaire déclarait au Reischtag que le moment était venu de « décentraliser l'assurance », de recourir à des « offices locaux », de faire appel aux intéressés eux-mêmes pour exercer efficacement et surveiller scrupuleusement la gestion des opérations prévues par la loi. Évidemment M. de Pozadowski ne visait pas nos Mutualités ; mais il nous est bien permis en constatant la faillite relative du système administratif, de noter que nos Mutualités présentent précisément les avantages et les garanties que l'Allemagne se voit aujourd'hui obligée de chercher en dehors des principes de son régime ordinaire.

Il me reste à donner quelques indications, — volontairement générales et vagues, sur les conditions dans lesquelles une solution légale nous paraîtrait admissible, une solution qui ne nous écraserait pas, et qui permettrait au pays tout entier de jouir des avantages offerts à nos adhérents. Ces avantages sont de divers ordres, et je les rappelle brièvement.

Économiques d'abord ; nous nous passons à peu près d'administration. Vous savez, Messieurs, quel est déjà le nombre des fonctionnaires en France. Nul doute que l'assurance d'État ne l'augmente considérablement. En Allemagne, elle a donné naissance à une énorme bureaucratie. On vous a dit tout cela et je n'insiste pas.

Ce n'est pas tout : en dehors de la question de gestion, la mutualité est un mode de prévoyance particulièrement avantageux au point de vue économique, précisément parce qu'elle s'étend sur toute la vie humaine. A quel âge peut-on devenir mutualiste? A 3 ans si l'on veut; en tout cas à 6 ans, à l'entrée de l'école. Il y a 800.000 enfants dans nos sociétés scolaires. De l'école au régiment, pas de lacune, grâce au « Pont » que nous avons inventé et que nous sommes en train de réaliser dans des milliers de sociétés de pupilles. Au régiment, on consolide les adhésions acquises et on achève de conquérir les indifférents, les ignorants, et les réfractaires.

Lorsque l'homme entre à l'atelier, en quittant les drapeaux, il a déjà un livret bien couvert; il a accompli la moitié de sa tâche. Plus besoin de lui demander de grosses cotisations. Le problème des « faibles documents » est résolu.

Mais les services matériels, si considérables soient-ils, ne priment pas les services moraux. C'est là que la Mutualité est vraiment incomparable, elle enveloppe tous les membres de la famille française, tous les âges, toutes les conditions, intéressant non pas seulement les salariés, mais les patrons eux-mêmes, mais les rentiers, mais tout le monde; car dans une démocratie, il n'y a point de castes, et nous ne connaissons plus de « classes » depuis la Révolution.

A tous ceux-là, elle enseigne la paix, la concorde, la solidarité; elle fait naturellement des « frères », des « associés » qu'elle groupe.

Comment donc assurer à tous les Français les bénéfices de cette admirable institution?

Eh bien, nous avons saisi l'occasion que nous offrait le projet de loi sur la retraite obligatoire.

Voici notre raisonnement: s'il était possible de limiter l'intervention de la loi à l'obligation de l'*acte de prévoyance*, est-ce que la mutualité ne serait pas l'instrument tout indiqué pour réaliser le vœu de la loi? « Elle sera préférée, parce qu'elle est *préférable* », disait Waldeck-Rousseau.

L'important est que le législateur lui laisse le champ libre; il ne le faisait point, dans les premières rédactions du projet, et c'est ce qui a motivé l'ardente campagne que vous savez.

Devant cette attitude négative, devant cette menace d'un régime d'État qui eût paralysé d'abord, puis absorbé toutes nos œuvres libres, nous sommes allés à l'extrême de notre pensée et nous avons demandé que, si le Parlement se décidait à voter l'obligation, ce fût l'*obligation de la mutualité*...

Messieurs, je vous avoue que, dans le fond, je n'ai pas changé d'avis, et que j'estime encore aujourd'hui que c'est là ce qui vaudrait le mieux. *Être obligé d'entrer dans une société que l'on choisit et où l'on sera libre*, c'est sans doute aliéner un peu de son indépendance, mais singulièrement moins que si l'on était obligé de subir d'office une gestion administrative sur laquelle on ne sera jamais consulté.

Néanmoins devant cette considération que certaines gens peuvent ne pas vouloir de cette liberté des moyens, préfèrent que les bureaux règlent les intérêts de leur prévoyance, plutôt que de les régler eux-mêmes, d'accord avec leurs associés, nous nous sommes inclinés, et avons renoncé à la mutualité obligatoire.

Du moins, n'acceptons-nous pas la bureaucratie obligatoire, et maintenons-nous hautement le droit des mutua-

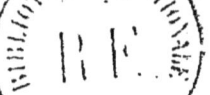

listes à se soustraire au régime uniforme et vexatoire de l'assurance administrative, comme nous maintenons pour tous les travailleurs le droit de venir à la Mutualité, même après le vote de la loi.

Ces deux conditions se résolvent en un ensemble de mesures dont nous avons demandé l'inscription dans le projet de loi et auxquelles nous avons eu la joie de voir adhérer les parlementaires les plus éminents qui s'occupent de la question des retraites.

J'aurais mauvaise grâce à ne pas citer au premier rang le Président de la Commission d'assurance et de prévoyance sociales de la Chambre, M. Millerand, qui, au récent Congrès des Retraites, a publiquement adhéré à la formule de conciliation que nous lui proposions au nom des Mutualistes.

Nous avions pris soin de mettre de notre côté les meilleurs arguments de fait : non seulement nous avions provoqué, de toutes parts, des manifestations mutualistes en ce sens, mais nous avions fait appel aux Conseils Généraux, qui, à la presque unanimité, avaient exprimé le désir de voir « se réaliser les retraites ouvrières par la mutualité ».

Nous avons donc l'espoir que notre institution, si bienfaisante, si humaine, si profondément *sociale*, traversera victorieusement la crise où elle se trouve actuellement engagée, et nous comptons sur des concours comme les vôtres pour l'y aider. (*Applaudissements répétés.*)

M. Gaston MÉNIER. — Je remercie M. MABILLEAU de son éloquente conférence et de sa thèse très convaincante et si bien exprimée. Je suis partisan des idées qu'a émises M. MABILLEAU, ce sont des idées de décentralisation qui permettent à l'État d'éviter de trop lourdes charges.

Néanmoins, au point de vue de l'obligation, je fais quelques réserves au principe lui-même.

Quant à étendre le plus possible les devoirs de la mutualité bien comprise, je n'y fais aucune objection, et je crois qu'il faut considérer la mutualité comme une des forces du pays, et en même temps une des charges. Elle doit être appliquée sous la forme de contribution. C'est là le problème qui est posé devant les Chambres.

Nous allons maintenant demander à M. Sciama de nous donner son opinion sur la question des retraites ouvrières.

M. Gaston Sciama s'exprime dans les termes suivants :

I

Messieurs, vous avez entendu, à votre dernière réunion, un éloquent exposé des principes qui doivent régir l'organisation des retraites ouvrières ; le sujet dont je veux vous entretenir aujourd'hui est beaucoup moins vaste, beaucoup plus spécial. Je voudrais vous signaler dans la loi dont le Parlement aborde la discussion, un danger d'autant plus grave qu'il a, jusqu'ici, passé, pour ainsi dire inaperçu, et qui doit résulter fatalement du mode d'emploi prévu pour les capitaux constitutifs des retraites ouvrières.

Permettez-moi, tout d'abord, de vous rappeler, en quelques mots, les bases de la loi.

Tous les travailleurs salariés de l'industrie et du commerce devront, d'après elle, verser une cotisation égale à 4 0/0 de leur salaire, tous les travailleurs agricoles une cotisation fixe de 0 fr. 05 par journée de travail, la moitié de ces cotisations étant à leur charge, l'autre à la charge des patrons.

En échange, l'État garantit à tous ces travailleurs lorsqu'ils auront atteint l'âge de 60 ans, pourvu que pendant trente ans ils aient versé : les travailleurs du commerce et de l'industrie, la cotisation minima de 20 francs, et les travailleurs agricoles, la cotisation minima de 6 francs, une pension de retraite de 360 francs pour les premiers et de 240 francs pour les autres.

Or, d'une enquête très consciencieuse faite en 1896 par le Ministère du Commerce, il résulte qu'il y avait alors 5.230.000 travailleurs de l'industrie et du commerce dont

3.365.000 hommes et 1.665.000 femmes, que le salaire moyen annuel des hommes était de 1,100 francs et celui des femmes, de 950 francs ; le salaire moyen des jeunes gens, au-dessous de vingt ans, étant la moitié du salaire des adultes.

Une double multiplication permet donc d'établir que les cotisations annuelles des 5.230.000 travailleurs du commerce et de l'industrie représenteront une somme de 200 millions.

La même enquête a dénombré simultanément 3 millions 670.000 travailleurs agricoles auxquels la loi fera verser 56 millions par an.

Mais, ce ne sont là que les cotisations obligatoires ; il est prévu, en outre, des cotisations facultatives. Tous les travailleurs isolés, artisans, façonniers, fermiers, colons, domestiques, ont le droit de profiter des avantages promis, en versant librement une cotisation qui ne peut être inférieure à 3 francs par trimestre, ni excéder 500 francs par an. De ce chef, les estimations forcément approximatives auxquelles on s'est livré font prévoir un total de versements annuels d'environ 44 millions. Si l'on additionne donc ces trois chiffres, on trouve que les travailleurs français apporteront annuellement, dans les caisses de l'État, pour la constitution des retraites ouvrières, la somme considérable de 300 millions.

D'après les calculs des actuaires, servant de base à la loi en préparation, ces 300 millions doivent être placés en valeurs rapportant un intérêt moyen de 3 0/0 et, par le jeu des intérêts composés, arriver à constituer, au moment du plein exercice de la loi, c'est-à-dire dans quatre-vingts ans, un capital formidable de 20 milliards dont les arrérages, ajoutés aux versements annuels des travailleurs et à la contribution de l'État, serviront les pensions de retraite échues. Remarquez tout d'abord, Messieurs, que ce chiffre effrayant de 20 milliards n'est réalisable que si l'on admet, durant les quatre-vingts ans à courir, la permanence du taux de l'intérêt à 3 0/0. Tout fléchissement dans ce taux a sa répercussion immédiate sur le montant de la contribution de l'État puisque celui-ci garantit des retraites minima.

Or, le rapport remarquable présenté à la Chambre des députés par l'honorable M. Guieysse, au nom de la Commission d'assurance et de prévoyance sociales, tout en supposant, (sans y croire beaucoup), cette permanence du taux de l'intérêt, fixe la charge de l'État, au moment du plein exercice de la loi, à 111 millions par an, du fait des retraites industrielles, et 83 millions du fait des retraites agricoles, soit en tout, 194 millions.

Ainsi donc, Messieurs, l'État doit se préparer, dans l'hypothèse la plus favorable, à verser, par an, 194 millions pour parfaire les retraites qu'il s'engage à assurer aux travailleurs ayant atteint l'âge de 60 ans ; mais son sacrifice n'est limité à ce chiffre que dans le cas où le taux d'intérêt de 3 0/0 se maintiendrait et, comme il n'est pas à supposer qu'il se maintienne, il suffit d'ouvrir une table d'actuaires pour vérifier qu'une baisse de un pour cent dans le taux moyen de l'intérêt représentera pour l'État un sacrifice supplémentaire de 50 millions.

L'emploi de ces trois cents millions de versements annuels, pour parvenir à constituer le capital formidable de 20 milliards, grâce au maintien du taux d'intérêt de 3 0/0 est donc certainement la question la plus délicate que la loi actuelle ait à résoudre ; on peut même dire que c'est de sa solution que dépend le succès ou l'échec de l'entreprise.

Il est évident que l'État se trouvera en présence d'un double problème : placer ces millions en des titres de tout repos, ne faisant courir aucun aléa aux sommes dont il est seulement dépositaire, et leur trouver, cependant, une contre-partie en des valeurs dont le revenu soit suffisant pour qu'au terme fixé il n'ait pas à subir un sacrifice trop grand dans l'exécution de la promesse qu'il consent aux futures retraités, tout en leur assurant, d'ores et déjà, une rente de 240 ou 360 francs.

Toutes les combinaisons présentées pour concilier ces deux conditions un peu contradictoires aboutissent à l'achat de rentes, d'obligations du Crédit Foncier ou des chemins de fer, à des prêts aux communes ou établissements publics, etc..., mais si on rapproche le total des emplois de capitaux ainsi possibles du total des sommes qui seront disponibles annuellement, on reconnaît vite, comme l'a si bien démontré M. Neymarck, que la quantité de titres sur lesquels l'État peut exercer son choix est restreint et que, nécessairement, le taux de l'intérêt de ces placements baissera très rapidement, par suite de leur raréfaction progressive. Il est donc tout à fait illusoire de supposer, par la suite, la permanence du taux actuel d'intérêt de l'argent et c'est se préparer de cruels mécomptes que d'admettre, dès maintenant, une si décevante hypothèse.

Mais ce danger que courent les finances publiques a déjà été signalé et discuté par tous les économistes qui se sont occupés de la question, vous le connaissez certainement, et si j'ai cru nécessaire de le rappeler c'est seulement parce qu'il aide mieux à comprendre l'autre péril que recèle la loi, péril menaçant directement les industriels et commerçants, et qui est le sujet principal de ma communication.

II

Nous venons de voir, en effet, que, chaque année, l'État encaisserait, du chef des retraites ouvrières, une somme de 300 millions. Ces 300 millions sortiront sensiblement, par moitié de la poche des patrons et de la poche des travailleurs, mais quelle qu'en soit l'origine, ils n'en seront pas moins soustraits à la circulation générale monétaire du pays, puisque, d'une part, l'argent versé par les industriels sera pris dans leur caisse et que, d'autre part, l'argent versé par les ouvriers sera distrait de leurs payes journalières et ne rentrera plus, dans le commerce, sous la forme de dépenses ordinaires de la vie.

Or, cette signée de 300 millions dans le fonds de roulement commercial de la France, peut avoir les plus graves conséquences.

En effet, Messieurs, que va faire l'État de ces 300 millions ? Nous avons vu qu'il ne peut les transformer qu'en titres de tout repos, rentes, obligations de chemins de fer, prêts aux communes, etc. Si les détenteurs actuels de ces titres, quand ils les auront vendus à l'État, reversaient, sous une forme ou une autre dans l'Industrie ou dans le Commerce, le montant de leur valeur, il n'y aurait, en somme, aucun déficit, aucun dommage pour la situation économique du pays. Tout se bornerait à un simple déplacement de capitaux ; mais ce n'est guère à supposer.

Tout au contraire, les rentiers timorés qui, actuellement, se résignent aux faibles revenus de ces valeurs sont gens qui, depuis longtemps désabusés du mirage de l'industrie et du commerce, ne veulent faire courir à leur petite fortune aucun des risques nécessairement attachés au sort des entreprises industrielles ou commerciales. Dès qu'ils se trouveront en possession du prix de leurs titres, ils n'auront d'autre idée que de l'employer en placements analogues, peut-être un peu moins avantageux, par suite de la baisse progressive de l'intérêt qui atteindra toutes les valeurs, mais aussi sûrs. S'ils ne trouvent pas ces placements en France, ils iront les chercher à l'Étranger ; mais ce n'est pas la difficulté de la recherche qui transformera jamais un bon rentier en un industriel ou commerçant entreprenant.

Donc, tant que le régime permanent ne sera pas atteint, — et ce résultat n'arrivera théoriquement qu'au bout de quatre-vingts ans bien que dès la quarantième année, seize milliards doivent déjà être ainsi accumulés, — il y aura dans le fonds de roulement du pays, soustraction régulière d'une somme de 300 millions qui, dérivée de la circulation active, ira s'immobiliser passivement en valeurs de tout repos, libérant ainsi une somme égale que l'on n'a guère chance de voir remplacer celle-ci dans notre vie industrielle.

Voilà, Messieurs, le danger véritable, celui qui doit nous

faire pousser un véritable cri d'alarme, car il menace peu à peu d'entraver l'essor de notre activité commerciale.

Trois cents millions, en effet, ne sont pas une somme considérable, dans le bilan annuel de la France ; mais 300 millions par an font presque un milliard en trois ans. Nos disponibilités, à nous autres commerçants et industriels s'appauvriront donc progressivement et régulièrement, au moment où la loi du progrès industriel exige des transformations d'outillage pour ainsi dire continues, c'est-à-dire, des capitaux de jour en jour plus abondants, et où par l'extension des opérations commerciales, les réserves d'argent disponibles permettent seules de donner aux affaires l'envergure qui, en ces temps de concurrence acharnée, est une des lois nécessaires du succès.

Cette saignée de 300 millions faite chaque année causera donc un dommage plus grand encore que celui qui résultera des versements que nous serons obligés de faire ; elle aggravera, dans une mesure hors de proportion avec le sacrifice pécuniaire que nous aurons consenti, la charge que la loi va nous imposer.

Telle est, Messieurs, la question qui, pour nous, doit, sinon primer les autres, du moins être l'objet de nos constantes préoccupations — car nul n'en aura souci pour nous, nul ne songera à écarter le grave danger qu'elle recèle.

III

Est-ce à dire que cette menace, jointe aux perspectives des charges pécuniaires que nous ménage le projet de loi en discussion, doit nous faire repousser en bloc son examen et entraîner le monde industriel dans une croisade contre lui ? Je ne le pense pas, Messieurs, pour plusieurs raisons, trop longues à développer aujourd'hui ici et un peu étrangères au sujet que je me suis assigné, mais dont la principale cependant peut être dite en passant, car d'elle se déduit implicitement la conclusion de ma communication.

. Je crois fermement qu'il n'est plus possible de s'opposer à l'adoption de cette loi qui, d'une part, réalise un des objectifs les plus chers à la démocratie contemporaine, et, d'autre part, est promise depuis trop longtemps aux travailleurs, par les professions de foi des candidats et les promesses des Pouvoirs Publics, pour que son échec définitif ne soit pas considéré, dans le pays, comme une lamentable faillite du Gouvernement républicain.

La loi sortira donc des délibérations actuelles du Parlement, bonne ou mauvaise, selon que tous ceux qui peuvent éclairer nos représentants de leur expérience et de leur compétence, leur auront apporté ou refusé leur collaboration.

Le monde industriel et commercial n'a donc, à mon avis, aucun intérêt à dresser contre elle une opposition irréductible. Il doit se prêter de bonne grâce au sacrifice qu'on attend de lui au nom de la paix sociale, et aborder l'étude des divers problèmes soulevés avec le désir de trouver pour chacune des dispositions qui lui semblent trop gravement menacer soit sa liberté, soit sa fortune, une solution transactionnelle conciliant les intérêts en conflit ; et son influence s'exercera d'autant plus efficacement sur le Parlement qu'on pourra moins suspecter la sincérité de ses intentions.

Ce n'est donc pas tout de vous avoir signalé le grave danger que nous allons courir, il faut essayer d'y trouver un remède. Je vous avoue, dès le début, qu'en cette partie de ma communication, je serai beaucoup moins affirmatif que je l'ai été jusqu'ici. Je n'entends pas, en effet, vous soumettre une solution définitive, à adopter *ne varietur*, mais un simple thème à vos réflexions.

Si vous êtes, maintenant, convaincus, comme je le suis du péril qui nous menace, et de la nécessité, par conséquent, d'y parer par un moyen autre que le rejet pur et simple de la loi — les idées que je vais vous développer, alors même que vous devriez les modifier et transformer de telle façon que leur auteur original ne les puisse plus reconnaître ultérieurement, ces idées vous serviront certainement de guide pour vous aider dans votre étude.

Le principe de la solution à adopter, quelle qu'elle soit, se dégage, en effet, évidemment de la manière même dont la question se pose. Puisque le mal doit provenir de l'immobilisation d'une somme aussi considérable, le remède consistera à rendre cette somme à la circulation, de quelque façon que ce soit, à remettre à la disposition du pays, si le besoin s'en fait sentir, tout ou partie de ces milliards immobilisés.

La Commission d'assurance et de prévoyance sociales de la Chambre, préoccupée surtout de la nécessité du maintien du taux d'intérêt, dans l'échafaudage de ses calculs, a déjà inséré dans le projet de loi une disposition des plus hardies. Elle a décidé qu'un cinquième des versements annuels, soit 60 millions, pourrait être employé par l'État en achats de valeurs industrielles; mais M. Rouvier, alors Ministre des Finances, s'est opposé énergiquement à cette mesure, en déclarant que c'était déjà bien assez de courir le risque de la baisse du taux de l'intérêt, sans y ajouter encore les chances de fluctuations du cours des valeurs.

Il est donc douteux que le Parlement suive la Commission dans cette voie, mais remarquez que celle-ci, pour d'autres raisons que celles que je vous ai exposées, avait déjà l'idée de rendre à la circulation économique du pays, une partie des sommes que l'État recevait des industriels. Je ne crois cependant pas que ce soit de ce côté que l'on doive chercher la solution.

Je crois qu'il est impossible d'exposer une fraction aussi importante des dépôts aux aléas des placements industriels, et qu'il n'y aurait plus aucune fixité dans les calculs des réserves mathématiques pour la constitution des rentes si aux variations du taux d'intérêt s'ajoutaient encore toutes les fluctuations du cours.

IV

L'État dépositaire de ces fonds ne peut leur faire courir aucun risque, et s'il ne les échange pas contre des titres de tout repos, s'il est amené à s'en dessaisir pour les mieux faire valoir, ce ne peut être qu'entre les mains d'un emprunteur lui donnant toutes garanties. Mais quel emprunteur, — autre qu'une collectivité, — pour des sommes aussi considérables peut présenter une surface suffisante, et quelle collectivité même, si ce n'est une collectivité aussi puissante que celle des Industriels et des Commerçants de France ?

Cette collectivité a tout d'abord l'avantage de posséder une représentation légale, officielle, élue et reconnue, c'est la réunion de toutes les Chambres de commerce de France.

Vous savez que la loi du 9 avril 1898 prévoit l'union des Chambres de commerce pour créer, subventionner ou entretenir des établissements, services ou travaux d'intérêt commun ; vous savez qu'elles ont le droit d'emprunter et de gager leurs emprunts par des impositions de centimes additionnels au principal des contributions des patentes, que ces impositions sont perçues par l'État, au même titre que les autres impôts.

Vous voyez donc que la Fédération des Chambres de commerce de France représente une puissance considérable, puisqu'elle représente la collectivité des commerçants de France, avec, en outre comme garantie de la solvabilité, la solvabilité même de l'État qui perçoit pour elle.

Si donc cette représentation légale, officielle des industriels et commerçants vient proposer à l'État, de lui reprendre sous forme de prêt, en lui assurant l'intérêt de 3 0/0 tout ou partie de l'argent qu'il aura encaissé du fait des retraites ouvrières, nulle crainte à avoir sur le sort de ces prêts, quelle que soit la fortune des entreprises auxquelles elle les confiera, puisqu'au regard de l'État qui s'en sera désintéressé, la responsabilité de la collectivité sera seule en jeu.

Imaginons maintenant, que la Fédération des Chambres de commerce, après s'être entourée de toutes les précautions nécessaires, reverse cet argent dans la circulation, sous forme de prêts à l'industrie et au commerce, sans autre bénéfice que la majoration du taux d'intérêt nécessaire pour payer les frais de gestion et constituer une réserve de garantie et nous aurons esquissé dans ses grandes lignes un système fournissant évidemment la solution cherchée, s'il peut fonctionner avec sécurité.

Or, s'il serait imprudent de ma part de prétendre, dès maintenant, décrire dans tous ses détails une organisation dont, je vous le répète, je n'ai voulu vous soumettre le principe que comme un thème à vos réflexions, je ne voudrais cependant pas être accusé d'avoir lancé à la légère cette idée, sans vous avoir prouvé en quelques mots comment son application se pourrait facilement tenter.

V

Les Chambres de commerce ne sont pas en état d'assumer elles-mêmes, directement, la gestion des services d'une telle entreprise, mais elles créeraient sous leur surveillance immédiate, leur contrôle et leur garantie, un établissement que, pour aller plus vite, nous baptiserons du nom de « Crédit Industriel », qui prendrait à l'État, au fur et à mesure de ses besoins, c'est-à-dire au fur et à mesure des emplois qu'il trouverait à faire dans l'industrie ou le commerce, tout ou partie des sommes que l'État encaisserait du fait des retraites ouvrières.

Le taux des emprunts à l'État serait de 3 0/0. Le Crédit Industriel pourrait, après s'être entouré de toutes les garanties désirables, prêter au taux de 4 0/0 pour des durées variables, mais qui ne devraient pas dépasser dix ans, aux commerçants ou industriels, dont la solvabilité lui paraîtrait assurée.

Il n'emprunterait à l'État que les sommes qu'il trouverait à prêter au public, au moment où il en aurait besoin, et pour la durée exacte des prêts qu'il consentirait.

Cet établissement se trouverait donc simplement être le tampon garant, c'est-à-dire l'entité que l'État connaîtrait seul pour lui garantir le remboursement aux époques fixées.

La différence entre le taux perçu et le taux payé à l'État servirait à couvrir les frais de gestion, et le surplus serait affecté à la constitution d'un fonds de garantie destiné à assurer, en tout état de cause, les remboursements aux échéances fixées.

L'État n'aurait donc jamais à tenir compte de plus ou moins de difficultés que les Chambres de commerce pourraient rencontrer dans le remboursement des avances consenties.

Le fonds de garantie qui devrait toujours être égal à une proportion déterminée des prêts, lui donnerait, à cet égard, toute sécurité.

Si ce fonds de garantie descendait au-dessous de la proportion fixée par un règlement d'Administration publique, les Chambres de commerce seraient tenues de la rétablir soit par une imposition additionnelle au principal de la contribution des patentes, soit par un emprunt gagé sur cette imposition.

Au delà d'un certain nombre de centimes additionnels elles auraient le droit, avec l'approbation du Ministre du Commerce, d'élever le taux des nouveaux prêts par fractions successives de un quart pour cent, jusqu'à cinq pour cent.

Auprès du Crédit Industriel fonctionnerait un Conseil de prêts, tout à fait analogue aux Conseils d'Escompte des Maisons de Banque, et sans l'avis duquel aucune opération ne pourrait être engagée. Il n'autoriserait les emprunts qu'après enquête complète sur la situation des emprunteurs : sous aucun prétexte, la durée d'un prêt ne pourrait être prorogée en cours d'exécution du contrat.

Comme le fonds de garantie assurerait, en tout état de cause, aux échéances fixées, sans avoir à faire intervenir l'État dans les remboursements des prêts consentis au public, la rentrée des sommes empruntées au fonds des retraites, je ne crois pas qu'il puisse y avoir la moindre inquiétude pour ces créances dans le jeu de cette organisation.

Le principal des contributions des patentes en France,

est de 90 millions et les centimes additionnels atteignent 230 millions, 10 centimes additionnels au principal ne représenteraient donc qu'une majoration insignifiante de 3 0/0 dans le total de l'impôt. Qu'est-ce que cette majoration quand on songe qu'on nous impose déjà un supplément de 4 p. 0/0 pour constituer le fonds de garantie destiné à parer aux défaillances des industriels qui, sans donner à l'État la moindre preuve de leur solvabilité, se sont déclarés leurs propres assureurs vis-à-vis de leurs ouvriers victimes d'accidents.

Or, une majoration de 3 p. 0/0 dans la contribution des patentes constituerait aux Chambres de commerce un revenu de 9 millions capable de gager un emprunt de 450 millions (1) ; et, — en fixant l'importance du capital de garantie au vingtième des prêts —, capable de garantir près de 10 milliards de prêts.

Ainsi, même au moment du plein exercice de la loi, rien qu'avec un léger sacrifice de 3 p. 0/0 sur le montant actuel de la contribution des patentes, le monde industriel et commercial français pourrait avoir la possibilité de faire rentrer dans la circulation la moitié de ces vingt milliards qui vont s'immobiliser dans les caisses de l'État.

Il se peut, Messieurs, que mes craintes soient vaines, que l'industrie et le commerce supportent, dans l'avenir, cette saignée régulière, plus allègrement que je le suppose, et n'aient aucun besoin de l'aide que le Crédit Industriel pourrait leur apporter. Mais, dans ce cas, cet organisme n'aurait lui-même pas recours à l'État, et devenu inutile, se dissoudrait de lui-même. Si, au contraire, comme j'en suis intimement persuadé, nous nous trouvons, au fur et à mesure que nous verserons ces 300 millions annuels dans les caisses administratives peu à peu appauvris, gênés dans nos opérations, et obligés d'en réduire l'envergure, c'est-à-dire, en somme, en fâcheuse posture vis-à-vis de nos rivaux étrangers, nous aurons ainsi toutes les ressour-

---

(1) Car ce capital de garantie laissé en dépôt dans les Banques rapporterait environ 2 p. 0/0.

ces nécessaires, grâce à des emprunts à longs termes, pour combler le vide creusé dans notre fonds de roulement.

Vous voyez que ma solution a, au moins, cet avantage de ne pas engager l'avenir et de préparer seulement le paratonnerre qui doit écarter de nous la foudre, si elle nous menaçait un jour.

Mais, je ne veux pas abuser, Messieurs, de vos moments et je crains de m'étendre outre mesure ; je borne donc à cette brève esquisse l'exposé d'un projet par lequel l'État trouverait le double avantage de l'emploi de ses capitaux à un taux fixe et rémunérateur, sans aucun aléa ; le pays, celui de maintenir dans la circulation la somme énorme qui va s'immobiliser d'année en année ; le Monde Commercial et Industriel, celui d'avoir à sa disposition, si le besoin s'en faisait sentir, pour le développement de son activité, des prêts à longs termes et à bon marché.

VI

Certes, Messieurs, une telle entreprise n'irait pas sans difficultés et la première, de beaucoup la plus grosse, sera d'en faire admettre la possibilité.

L'idée, tout d'abord, heurte si profondément les opinions admises, les préjugés courants sur le rôle des Chambres de commerce dans notre pays, qu'elle effrayera, avant tout examen, et que ses avantages s'effaceront devant ses dangers.

Sous l'empire de cette préoccupation, les objections que suscite toute œuvre humaine prendront une importance exagérée. Essayons, toutefois, en discutant les principales, d'en montrer la valeur médiocre et, tout d'abord, résumons-les, en les groupant :

1º Le crédit d'un industriel ou d'un commerçant est toujours chose difficile à apprécier, et d'essence fragile. Tel, dont la situation est prospère aujourd'hui, sera discuté demain, surtout si ce demain peut s'étendre à cinq ou dix ans.

2° Ceux qui auront recours à ce genre de prêts seront seulement ceux dont la position sera précaire.

3° Ou l'enquête qu'on devra faire sur leur valeur commerciale sera superficielle et alors ces prêts seront bien aventurés, ou elle sera complète, et peu de commerçants s'y résigneront, de peur de révéler soit les secrets de leur entreprise, soit ceux de leur situation.

4° L'entreprise aura contre elle l'hostilité de la Haute Banque à laquelle elle va faire concurrence.

5° L'expérience a déjà été tentée en 1860, et son échec doit décourager toute nouvelle tentative.

Vous le voyez, Messieurs, aucune de ces objections ne met en doute la gravité du danger révélé, aucune n'apporte de solution; toutes ne s'appuient que sur des difficultés d'application. Seraient-elles même réelles, ces difficultés, et je vais vous démontrer qu'elles n'ont pas l'importance qu'on leur attribue, qu'elles ne devraient pas suffire à arrêter notre initiative.

Les trois premières ne sont, en effet, que des objections de sentiment. A coup sûr, la mission des Conseils de prêts sera délicate : ce sera leur rôle de s'enquérir, avec toute la précision et tout le tact désirables, de la véritable situation des emprunteurs et de se tenir toujours également éloignés d'une rigueur exagérée et d'une facilité imprudente.

Mais ils auront à leur service tous les moyens d'investigation dont disposent actuellement les banquiers pour juger de la solvabilité de leurs clients. Ils pourront, dans les contrats, par le caractère quasi officiel de leurs opérations, se réserver des prérogatives de contrôle qui seront aussi utiles comme freins moraux aux commerçants un peu trop aventureux, qu'à leurs créanciers comme moyens d'investigation.

C'est un usage, depuis longtemps passé en habitude, de l'autre côté du Rhin, et qui ne soulève plus la moindre hésitation de la part du commerçant, que la présentation régulière de son bilan annuel au Banquier qui lui a consenti des avances. Sur l'examen de ce bilan, se débattent pour l'année suivante, les conditions du concours que celui-ci lui conservera, ou les sécurités qu'il croit nécessaire de demander, sans compromettre la situation de son client. En semblable occurrence, les intérêts des deux parties sont trop intimement liés pour qu'on puisse craindre leur conflit. Quels que soient les résultats dont il prend connaissance, le banquier ne peut en profiter ni pour élever ses prétentions en cas de prospérité, car il risque que le client, devant ses conditions trop dures, lui échappe ; ni pour couper le crédit, car il compromettrait, par cette mesure, les avances déjà consenties.

Rien ne s'opposerait, dans l'organisation que nous avons en vue, à une communication analogue ; le contrat pouvant stipuler pour l'emprunteur des sûretés particulières au cas où, de l'examen des bilans, résulteraient quelques doutes sur l'exactitude de l'échéance.

La pratique montrera, du reste, mieux que ne sauraient le faire tous les programmes anticipés, sous quelles formes ces sûretés devraient être consenties sans enserrer le débiteur dans des engagements trop rigoureux ou trop aléatoires.

L'argument qui fait état de l'hostilité présumée des maisons de Banque contre la concurrence que les Chambres de commerce leur susciteraient ainsi, ne nous semble pas sérieusement discutable ; nous croyons, au contraire, que la Haute Banque favoriserait de toute sa puissance le développement de l'entreprise.

D'une part, en effet, elle redoute toujours l'argent disponible à vil prix qui fait baisser le taux des reports et de l'escompte. Or, les 300 millions d'argent libérés par la vente des rentes que l'État aura mises en portefeuille pèseraient nécessairement sur le marché, jusqu'à ce qu'ils aient trouvé des placements analogues, et nous avons vu comme cela deviendrait de jour en jour plus difficile. La Banque aura donc intérêt à ce que les Chambres de commerce fassent reprendre à cet argent le chemin de l'industrie d'autant plus qu'elles l'utiliseront justement dans des opérations que la Banque se refuse à faire.

Elle est, en effet, obligée par la nature de ses dépôts d'avoir des fonds sinon liquides, du moins immédiatement réalisables, en cas d'événements extérieurs ou de panique. Elle ne peut donc presque jamais consentir de crédits à longs termes et ne prête que sur du papier à trois mois, ou sur des valeurs facilement négociables, se différenciant ainsi, au grand dommage de notre commerce et de notre industrie, de la Haute Banque allemande.

Quand on voit, en effet, le développement extraordinaire, le luxe même qu'ont pris, dans ces quinze dernières années, les installations industrielles en Allemagne; l'outillage général économique du pays; l'envergure de ses opérations commerciales, la première réflexion qui s'impose, c'est que ce ne peut être sur les bénéfices réalisés, à quelque chiffre qu'ils se soient élevés, que des dépenses aussi considérables aient été prélevées; mais que ce doit être en faisant appel, dans la plus large mesure, au crédit, sous toutes ses formes, qu'en si peu de temps, ce peuple remarquable par sa persévérance intelligente et méthodique, a pu transformer aussi profondément ses fabrications et son négoce. Or, ce crédit, ce sont, pour grande partie, les banques qui l'ont généreusement offert, et la lecture des bilans est, à cet égard, des plus instructives. Comme je vous l'ai déjà dit, tout commerçant a un crédit ouvert chez un banquier; bien plus, il s'en fait un titre, et sur son papier à lettres, il indique dans la manchette le nom de ce banquier qui lui prête ainsi son concours. Ce rôle fécond, que les banques françaises, par suite de leur constitution répugnent à prendre, cette organisation nécessaire si la France veut, comme l'Allemagne, renouveler son outillage et donner à son commerce le même essor que sa voisine, se trouveront tout naturellement réalisés par l'entreprise que nous avons en vue. C'est elle qui mettra à la disposition des industriels les sommes nécessaires pour cette transformation et dans des conditions plus favorables encore que les maisons de banque ne pourraient le faire. Loin de les gêner, par conséquent, elle les suppléera tout naturellement, dans les fonctions incompatibles avec leur organisation.

La dernière objection qui reste à examiner est celle qui résulte des résultats fâcheux d'une entreprise analogue.

En 1860, au lendemain des traités de commerce avec l'Angleterre qui inauguraient pour la France une ère toute nouvelle, pleine d'inconnu, le Gouvernement impérial convaincu de la nécessité de mettre notre outillage industriel à la hauteur de celui des concurrents, avait par la loi du 1er août affecté 40 millions à cet effet. Ces 40 millions devaient être répartis par une Commission composée de Conseillers d'État, de hauts fonctionnaires et du Président du Tribunal de commerce de la Seine, sous forme de prêts aux industriels qui en feraient la demande. Trente-huit millions et demi furent ainsi distribués en avances remboursables par annuités, durant une période de dix ou douze ans avec intérêt à 5 0/0 — sur lesquels trente-trois millions devaient être garantis en hypothèques pour la totalité ou par partie, et le reste par des nantissements, cautionnements ou privilèges spéciaux.

Mais, une fois cette distribution faite, la Commission bien que son titre fût Commission de répartition et de surveillance, ne crut même pas devoir attendre la promulgation du règlement d'Administration publique prévu par la loi pour se dissoudre, laissant aux préfets le soin de contrôler l'exécution des promesses de garanties offertes, et des engagements de remboursement.

Il n'y a qu'à lire les documents de l'époque pour être frappés de la rapidité et de la désinvolture avec laquelle la Commission a cru devoir s'acquitter et se décharger de ses délicates fonctions. En confiant aux préfets, c'est-à-dire à des fonctionnaires préoccupés surtout du succès de leur mission politique, le souci de surveiller, chacun dans son département, l'exécution des engagements pris par les industriels généralement électeurs influents, la Commission d'avance énervait leur pouvoir de contrôle et ouvrait la porte aux plus regrettables compromissions.

En fait, personne ne s'est jamais occupé de suivre le sort de ces prêts, d'assurer l'exécution des engagements pris, de réclamer aux échéances les remboursements convenus, et de prendre à leur défaut les garanties nécessaires. Ajoutez, Messieurs, à ces conditions défavorables, les événements qui suivirent la chute du régime, le renouvellement de tout le personnel gouvernemental, l'oubli total dans lequel ces prêts étaient tombés et vous vous étonnerez plutôt de la proportion qui a été remboursée, que de celle restée en souffrance.

La loi de finances de 1885 (la première à ma connaissance) nous donne, à ce sujet, des chiffres instructifs.

Sur les 38 millions et demi, 28 millions avaient été remboursés aux échéances fixées, 2 millions et demi pouvaient encore être recouvrés et 8 millions devaient être considérés comme définitivement perdus.

Peut-on raisonnablement inférer de l'échec d'une telle entreprise, conçue, exécutée, suivie, en dehors de tout esprit commercial, abandonnée à elle-même, aussitôt créée ; peut-on, dis-je, inférer de cet échec le sort qui attendrait celle dont je vous ai soumis l'idée et qui n'a vraiment rien de commun avec elle ? Je crois qu'aucun contradicteur de bonne foi n'oserait le soutenir, et qu'il n'y a comme leçon à tirer de cette fâcheuse expérience que la nécessité absolue de soustraire nos opérations à toute ingérence, à toute influence politique.

Et ceci m'amène, en terminant, Messieurs, à aborder le dernier point que nous ayons à considérer dans les objections générales qu'on peut opposer.

On peut déclarer, en effet, que les Chambres de commerce n'ont pas été créées pour assumer de telles fonctions, qu'elles seraient malhabiles à gérer une si considérable entreprise, qu'enfin, elles auraient à se défendre contre des influences extra-commerciales qui vicieraient son fonctionnement. Mais, souvenez-vous, tout d'abord, que le « Crédit Industriel » sera un établissement complètement autonome et dont la direction pourra être soustraite à ces influences ; et qu'en outre, comme il ne s'engagera ni vis-à-vis de l'État à emprunter, ni vis-à-vis du public à prêter un minimum quelconque, il sera maître d'agir avec toute prudence, n'ayant jamais en caisse des sommes improductives, puisqu'il n'empruntera que ce qu'il aura décidé de prêter et pour le même temps.

Malgré tout, la responsabilité des Chambres de commerce ne saurait se nier, puisqu'elles s'engageront solidairement vis-à-vis de l'État qui ne connaîtra qu'elles et qu'elles auront à contrôler et administrer l'établissement de crédit; mais, quelle sera donc l'étendue réelle de cette responsabilité ? Nous l'avons chiffrée, tout à l'heure, et vu à quel faible sacrifice pour la collectivité elle se limiterait au moment même du plein exercice de la loi.

Et, si le danger que je vous ai signalé, au début, est réel, si le dommage porté à notre industrie et à notre commerce doit être considérable, si enfin le remède proposé est de nature à les atténuer, qui donc pourrait en prendre l'initiative, si ce n'est en somme, ces compagnies, émanations directes des intéressés, munies par la loi de l'autorité morale et financière désirables et dont la solidarité constituerait l'union importante de toutes les forces vives du pays? (*Vifs applaudissements.*)

M. BLANCHON — Si j'ai bien compris, je dois vous dire que j'ai été très séduit par l'idée de M. Gaston SCIAMA, à savoir que les Chambres de Commerce constitueraient une seconde Banque de France en faveur du Commerce et de l'Industrie.

La Banque ne prête qu'à trois mois ; il s'agirait de trouver une organisation de prêts qui s'étendrait dans notre pays à plusieurs années. Je pense avec conviction que l'idée émise par M. Gaston SCIAMA est très féconde et digne d'attirer toute notre attention. Comment employer mieux les 300 millions dont il est question qu'en remettant, dans l'Industrie même, les capitaux dont on l'a privée ? Je remercie M. Gaston SCIAMA de nous avoir donné, d'une façon si nette, l'emploi de ces 300 millions et, encore une fois, j'invite mes collègues à examiner par quels moyens il serait possible de réaliser cette solution et d'obtenir un système de prêts à longue durée, système que je considère comme absolument favorable au Commerce et à l'Industrie.

M. Alfred NEYMARCK. — Je n'avais pas l'intention de prendre la parole et je m'excuse de le faire encore en obéissant à votre aimable insistance. Je ne suis qu'un remueur de chiffres, un économiste, et si les chiffres me séduisent, je sais combien il faut prendre garde de ne pas se laisser séduire par eux ; il faut les vérifier plusieurs fois plutôt qu'une.

A un point de vue général, je suis partisan des Retraites ouvrières. On accuse les économistes d'être de l'école « dure », d'avoir la main et le cœur fermés, c'est une erreur. Je ne connais pas d'école « dure » ; je ne connais qu'une économie politique libérale. Les économistes libéraux sont pour la liberté et la responsabilité individuelle; ils sont opposés à toute intervention de l'État, de quelque nom dont on la décore, obligation ou monopole. Tout à l'heure, en l'écoutant, je me laissais séduire par la parole de M. Mabilleau dont je connais les travaux, et je suis comme un homme qui ayant admiré de loin un très beau tableau, est plus heureux encore quand il peut l'admirer de près. Je l'ai entendu exposer, dans son examen très serré, le programme de la Mutualité et je suis convaincu que, si les retraites ouvrières doivent un jour être créées, c'est par la Mutualité qu'elles pourront se faire, parce que la Mutualité représente l'effort individuel, la responsabilité individuelle, l'énergie.

L'assurance obligatoire, au contraire, c'est l'inertie, la paresse, l'indifférence : c'est l'État venant dire d'un ton impératif à tout individu : *Tu seras prévoyant.* Un de mes confrères de la Société de Statistique, M. MATRAT, que notre ami Yves GUYOT connaît comme moi, a publié jadis une excellente petite brochure intitulée : *Tu seras prévoyant* ; cette brochure a été couronnée par l'Académie Française. Elle était faite pour des enfants, pour des adultes et peut s'appliquer à tout le monde. Ce n'est pas en effet le travailleur seul qui doit être prévoyant, nous devons tous être prévoyants, et, vous pouvez, autour de nous, constater qu'heureusement il en est qui ont le sentiment de la prévoyance. Nous connaissons bien des gens qui, entrés jeunes dans la vie des affaires, ont compris la nécessité, l'utilité de la prévoyance. Il en est qui ont contracté sur leurs modestes salaires ou appointements une assurance et qui jouissent maintenant d'une retraite, tout en continuant de travailler et sans avoir eu besoin de l'intervention de l'État. Tout le monde peut en faire autant et l'État n'a nul besoin d'intervenir. N'est-ce donc pas une force que cette Mutualité, cette armée immense dont M. Mabilleau faisait le dénombrement : 4.383.000 personnes sur 9.500.000 électeurs ! N'est-ce pas là une organisation toute prête sur laquelle on doit s'appuyer pour établir les Retraites ouvrières ?

Je crois avoir démontré, dans les précédentes séances, les difficultés que l'État éprouverait pour capitaliser ces capitaux énormes : 300 millions par an, a dit M. Sciama, 20 milliards à un moment donné. Cette capitalisation serait impossible à faire par l'État sur des titres français de premier ordre, parce qu'il n'existe pas en France de valeurs en nombre suffisant pour la faire.

Je le démontrerai encore par quelques chiffres. Nous avons en France, à l'heure actuelle, à la cote officielle de la Bourse de Paris, 130 milliards de valeurs cotées et négociables à la Bourse.

90 milliards appartenant en propre aux capitalistes français ; sur ces 90 milliards, 62 à 65 milliards se composent de valeurs françaises diverses ;

25 à 27 milliards de titres et fonds étrangers.

Les 65 milliards sur lesquels la capitalisation devrait se porter, c'est-à-dire entre lesquels il faudrait choisir pour trouver les valeurs nécessaires à cette capitalisation, comment se subdivisent-ils ?

En rentes françaises, obligations du Trésor, obligations des colonies et protectorats, ville de Paris, départements et villes, titres du Crédit Foncier, il existe un bloc de plus de 33 milliards.

Les actions et obligations françaises des chemins de fer, canaux, tramways, représentent un autre bloc de 23 milliards.

Voilà donc déjà un total de 56 milliards. Restent 10 milliards pour les valeurs françaises industrielles à revenu variable et qui ne peuvent être choisies comme titre de capitalisation, car leurs revenus sont essentiellement variables.

La France est essentiellement un pays d'épargne, de petits épargneurs qui recherchent avant tout les titres à revenu fixe. Or les rentes, obligations des chemins de fer, ville de Paris, Crédit Foncier, sont déjà tellement bien classées que la proportion des titres nominatifs est de 75 0/0 et que le solde 25 0/0 est réparti à l'infini, en titres au porteur, dans une infinité de mains.

Comme les placements sur les valeurs françaises à revenu fixe sont devenus très difficiles à trouver, on s'est rejeté sur les fonds étrangers et je vous ai précédemment montré que cette affluence de capitaux français a permis de capitaliser des fonds d'État concordataires plus haut que nous ne capitalisions nos rentes françaises jusqu'en 1885 et 1890.

L'État éprouverait une véritable impossibilité pour capitaliser tous les ans des sommes aussi considérables. Nos grandes compagnies d'assurances ont tous les ans des sommes importantes à placer, la loi les oblige à effectuer ces placements en valeurs françaises et de premier ordre. Depuis plusieurs années, ces grandes compagnies ont déclaré que c'était impossible ; après avoir acheté des immeubles, des terrains, elles ont dû chercher d'autres placements et elles se sont fait autoriser à acheter des titres étrangers. Une condition a été imposée à cette autorisation : c'était d'indiquer à l'assemblée de leurs actionnaires les titres sur lesquels les placements pourraient être faits.

Aucune puissance financière (associations de Sociétés ou de capitalistes) ne pourrait réaliser une capitalisation semblable sans provoquer de véritables désastres, en obligeant des personnes, des petits rentiers qui avaient constitué leurs épargnes en placement de tout repos à chercher d'autres emplois, c'est-à-dire à courir des risques. Ce n'est qu'avec la liberté d'action, ce qui n'exclut pas le contrôle et la prudence, que l'on peut diviser ses placements et effectuer des capitalisations importantes.

Si je pouvais me permettre cette comparaison, je dirais que la capitalisation de sommes énormes entre les mains de l'État seul c'est absolument comme un torrent qui se déverserait brutalement entraînant tout sur son passage : au contraire, si ce torrent est canalisé en une quantité d'affluents, de rigoles, il s'écoule et féconde les vallées et les terres qu'il traverse.

Il en serait de même pour les Sociétés de Secours Mutuels qui ayant à placer de nombreux petits capitaux, et répartissant et choisissant ces placements à l'infini, pourraient capitaliser des sommes importantes, parce que ces sommes, appartenant à des milliers de Sociétés, seraient minimes pour chacune d'elles.

J'arrive maintenant à la proposition que faisait tout à l'heure M. Sciama. Elle est, au premier abord, séduisante, et je commence par dire que je ne crois pas du tout que les banques en prennent ombrage, mais elle comporte beaucoup de risques, de périls. Les Chambres de commerce seraient les dispensatrices du crédit : ces 300 millions à placer seraient distribués par elles pour faire des opérations que les banques ne peuvent pas faire. Ces opérations comporteraient inévitablement des risques, et il faudrait naturellement prélever sur chacune d'elles des bénéfices comme le font les banques. Mais, si au lieu de bénéfices, il y a des pertes, qui les supportera? Vous prêterez à 2, 3, 4, 5, 10 ans, ce qui est d'autant plus dangereux, car plus lointaines sont les échéances et plus nombreux et importants sont les risques. De sorte que je ne vois pas très bien à quel résultat final on arriverait. Ce serait faire concurrence à toutes les banques qui font l'escompte, à tous les établissements de crédit. Or, ces maisons font l'escompte à des taux excessivement réduits. C'est par milliards que se chiffrent leurs escomptes annuels. Il est difficile de faire mieux qu'elles et ces immenses opérations ne comportent que des bénéfices très réduits alors que les risques de pertes sont considérables.

À quel taux ces Sociétés de crédit font-elles ces opérations ? Au-dessous du taux officiel de la Banque, la plupart du temps, elles se contentent d'un léger bénéfice, 1/32, 1/16, 1/8, 0,0 ! Dans aucun pays, l'escompte n'est aussi bas qu'en France. Cela permet au Commerce et à l'Industrie de lutter contre la concurrence étrangère et de supporter aussi plus facilement les charges fiscales qui pèsent sur eux.

Je ne vois pas bien en quelque sorte les Chambres de commerce dispensatrices du crédit, les banquiers des 300 millions que l'État doit recevoir par année et qui arriveront à 20 milliards. Il faudrait une organisation de banque, une organisation commerciale et industrielle telles que les risques l'emporteraient bien vite sur les profits. Voilà pourquoi je ne crois pas réalisable la combinaison de M. Sciama, si séduisante qu'elle puisse paraître.

Pour moi, et c'est par là que je terminerai, si les retraites ouvrières doivent se faire, c'est avec l'appui des Mutualités, c'est en s'appuyant sur l'armée de toutes les Sociétés mutuelles qui existent, sur cette véritable force, car cette force est le fait de la volonté, de l'effort individuel, du sacrifice personnel pour assurer les vieux jours. L'État aura beau faire une loi disant aux citoyens : *Tu seras prévoyant, je te donnerai ou ceci ou cela* ; mais l'État, Messieurs, n'a rien à lui ; il ne peut rien donner, car ce qu'il « donne » d'une main, il faut bien qu'il le prenne de l'autre, et comme le disait Bastiat : « L'État n'est pas manchot. »

Il faut, Messieurs, laisser aux citoyens d'un pays libre, la liberté complète, absolue et c'est énerver un pays que de faire intervenir à chaque instant l'État. Décréter l'obligation, c'est supprimer l'effort individuel, c'est dire au paresseux, à celui qui ne veut rien faire « tu auras toujours quelque chose pour tes vieux jours », c'est le mettre sur le même pied que le salarié, père de famille, qui a su se priver, économiser, travailler, en un mot, pour les siens et pour lui-même, s'assurer par ses efforts le pain pour ses vieux jours : il a voulu ne devoir rien qu'à lui-même et n'être l'obligé de personne.

Il ne faut pas supprimer l'effort individuel, et se figurer que l'État peut tout, est maître de tout, et qu'il suffit d'un article de loi pour rendre un citoyen plus heureux, plus prévoyant et employer l'impôt pour faire des rentes à d'autres citoyens qui n'en ont pas. Il ne faut pas que l'État se mêle de nos affaires : il faut, au contraire, qu'il laisse à chacun, commerçants, industriels, contribuables, salariés sa liberté, sa responsabilité, son initiative. (*Vifs applaudissements.*)

M. WATEL. — L'heure est avancée ; je me bornerai à dire quelques mots sur un mode de prévoyance encore peu répandu et qui, cependant, semblerait devoir être mis en pratique par tout chef de famille soucieux de l'avenir des siens : je veux parler de l'Assurance en cas de décès prématuré, c'est-à-dire de l'acte de prévoyance par lequel le mari, le père garantit à sa femme, à ses enfants, au cas où il viendrait à disparaître avant l'heure, un secours qui leur permette de pourvoir aux premières nécessités et de franchir sans avoir le souci immédiat de l'existence matérielle, les moments de trouble et de désarroi qui suivent immédiatement un événement si douloureux.

Le Français est, en général, économe et prévoyant, mais en général aussi, il pratique plus volontiers la prévoyance sous la forme d'épargne que sous celle d'assurance : et cela est vrai surtout pour les classes les moins aisées, en sorte que l'on voit l'assurance au décès entrée d'une façon courante dans les habitudes des Commerçants, des Industriels, de ceux qui vivent de professions libérales, comme une des formes de l'Assurance sur la vie, rester cependant presque inconnue de la majorité des travailleurs, et figurer seulement à l'état d'exception dans ce mouvement mutualiste qui a pris une telle puissance et une telle ampleur depuis quelques années.

Il y a là une lacune à laquelle il convient de pourvoir : il n'est pas un homme de cœur, parmi ceux qui vivent de leur travail et ont le souci de l'épargne et le sentiment de la prévoyance, qui n'ait songé avec quelque angoisse à ce qui adviendrait des siens s'il venait, par suite de maladie ou pour toute autre cause, à leur manquer subitement au moment où les enfants sont encore trop jeunes pour gagner leur subsistance. L'assurance au décès permet, en assurant la remise d'une certaine somme à la femme ou aux enfants, à la mort même du chef de famille, s'il vient à disparaître trop tôt, la solution, tout au moins partielle, de ce redoutable problème; elle permet de pourvoir aux premières nécessités, aux frais des funérailles, aux besoins de l'existence journalière pendant les premiers temps, donne ainsi à la mère le temps et la possibilité de faire les démarches nécessaires pour trouver un gagne-pain. C'est là un résultat qui a déjà bien sa valeur.

Les Compagnies d'assurances se sont jusqu'ici peu prêtées à ce genre d'opérations pour les petites bourses, celles que nous entendons viser ici ; il convient donc de nous adresser ailleurs. Adressons-nous à la Mutualité : elle est mieux qualifiée, d'ailleurs, que les Sociétés par actions pour un tel objet; elle est forcément plus économique, pour deux raisons principales : elle n'a pas de capital à rétribuer, et profite à la *Caisse nationale d'assurances en cas de décès*, d'un taux de faveur de 4 1/2 pour cent que les Compagnies privées ne peuvent trouver en valeurs sûres pour le placement de leurs capitaux.

Complétons l'œuvre de la Mutualité par l'organisation et le développement du service de l'Assurance en cas de décès. Ce sera le complément logique et moral de la retraite qui, réduite à elle-même, est aléatoire et égoïste : aléatoire, puisqu'on n'est jamais sûr d'atteindre l'âge à partir duquel les droits sont acquis à cette retraite, et que, si l'on meurt avant cet âge, les sacrifices faits en vue de l'obtenir sont entièrement perdus ; égoïste, puisqu'elle est contractée au seul profit du chef de la famille, et que, si celui-ci vient à disparaître avant l'heure, la femme qui a cependant contribué pour sa quote-part aux économies qui ont servi à payer les primes en vue de la retraite, ne profite en rien de la peine qu'elle s'est donnée ni des sacrifices qu'elle a consentis.

L'Assurance au décès, en garantissant à la femme une certaine somme à la mort de son mari, vient réparer cet oubli, cette injustice. On peut donc, à ce point de vue, la considérer comme une contre-assurance de la retraite, et il paraît légitime, dès lors, de prélever la prime nécessaire sur les sommes destinées à la constitution de la retraite; il suffit, au surplus, d'un sacrifice relativement léger: un homme âgé de 30 ans peut, par l'intermédiaire de la Mutualité, assurer à sa veuve ou à ses orphelins une somme de 100 francs à son décès, moyennant le paiement d'une prime annuelle de 1 fr. 20, soit 500 francs pour un versement annuel de 6 francs, ou 3.000 francs pour un versement annuel de 36 francs. Au delà, la Caisse Nationale n'accorde plus l'intérêt à 4 1/2 et le taux de la prime s'élève sensiblement; mais encore dans ces limites pour de petits ménages comme ceux que nous avons en vue, il y a une ressource très appréciable qui peut être acquise sans sacrifices excessifs.

Nous pensons, en conséquence, qu'il serait très intéressant pour les commerçants comme pour les industriels de recommander ce mode d'assurance à leur personnel subalterne, employés ou ouvriers, et même d'y participer dans une certaine mesure, comme le complément et le correctif de ce qu'il y a d'un peu égoïste dans le principe de la retraite pure et simple. (*Applaudissements.*)

Après échange d'observations, la clôture de la discussion est prononcée.

∴

L'Assemblée, en présence des projets proposés, décide de remettre à une séance ultérieure le vote d'une résolution résumant les débats auxquels a donné lieu l'étude de la mutualité et du problème des retraites. Elle pense que grâce à la publication des discussions si complètes et si intéressantes qui ont fourni la matière de trois séances, il sera plus facile à chacun des membres de la société de se former une opinion et de présenter une résolution inspirée par les orateurs éminents qui n'ont laissé dans l'ombre aucun des côtés si complexes de la question des retraites. Elle estime, enfin, que la lecture des communications si documentées qu'a provoquée la Société des Industriels et des Commerçants de France, ne sera pas inutile à ceux qui ont la charge des intérêts du pays et qui se proposent, difficile et délicat problème ! d'améliorer le bien-être général sans compromettre la prospérité de nos finances et le développement matériel de la France.

Mayenne, Imprimerie Ch. COLIN.

SOCIÉTÉ DES INDUSTRIELS ET DES COMMERÇANTS DE FRANCE
(Fondée en Mars 1895)
Médaille d'Argent a l'Exposition Universelle de 1900
Siège social : Paris, 60, Faubourg-Poissonnière

N° ....

BULLETIN DE SOUSCRIPTION

Je soussigné, ...
demeurant .... *après avoir pris connaissance des Statuts de la* Société des Industriels et des Commerçants de France, *déclare y donner mon adhésion et demande à faire partie de la Société en qualité de Membre* .... (1).

En conséquence, je m'engage à verser la somme de (2) ....
montant de ma souscription, conformément aux Statuts (Art. 3)

A ...., le ....

Signature :

(1) Indiquer la catégorie.
(2) Indiquer le montant de la souscription d'après la catégorie.

Art. 3. — La Société se compose de Membres :
    1° **Fondateurs** ayant versé à la Société une somme de **mille francs** au moins ;
    2° **Donateurs** versant une somme de **cinq cents francs** une fois donnée ;
    3° **Titulaires** versant une cotisation annuelle de **vingt francs** ; ou une somme de **deux cents francs** une fois donnée ;
    4° **Adhérents** versant une cotisation de **dix francs** par an ; ou une somme de **cent francs** une fois donnée ;
    5° **Correspondants** versant une cotisation de vingt francs par an.

Prière de renvoyer ce bulletin, rempli et signé, à M. le Secrétaire général de la Société des Industriels et des Commerçants de France, Paris, 60, Faubourg-Poissonnière.

Dernières brochures publiées par la Société

Le relèvement des droits sur les Cafés du Brésil
par M. Julien HAYEM

LE TARIF SUISSE
Par M. Julien HAYEM

Le nouveau tarif général des douanes en Allemagne
par M. Edouard COHEN

LES ZONES FRANCHES
par M. Henry KLOTZ

Enquête sur les Effets de la loi du 30 Mars 1900
Réglementant la durée légale de la journée de travail

Le Commerce d'exportation
et d'importation dans les principaux pays

Le droit de 9 fr. par kilo
sur les soies d'origine asiatique

Par M. Paul DELOMBRE, Député, ancien Ministre du Commerce

Les Grèves depuis 1896 jusqu'en 1903

Toutes ces brochures en vente :

LIBRAIRIE GUILLAUMIN & Cie

PARIS — 14, Rue de Richelieu 14, — PARIS

www.ingramcontent.com/pod-product-compliance
Lightning Source LLC
Chambersburg PA
CBHW060201100426
42744CB00007B/1115